DING
DING
START
DING

Susanne Pypke

Let's Roll

Das coolste Murmelbahn-Bastelbuch

Von quick & easy bis zur Profi-Bahn

Inhalt

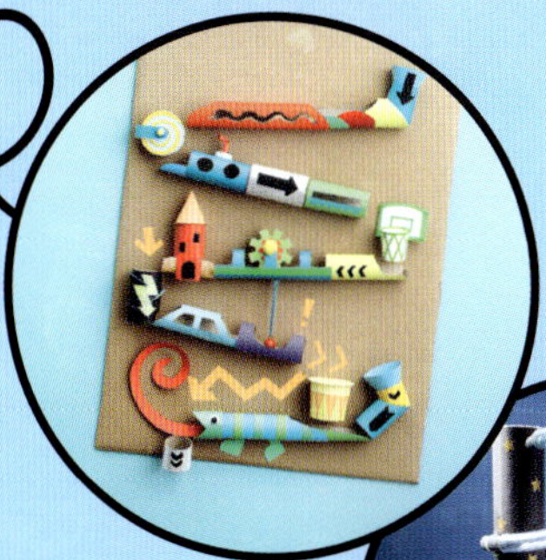
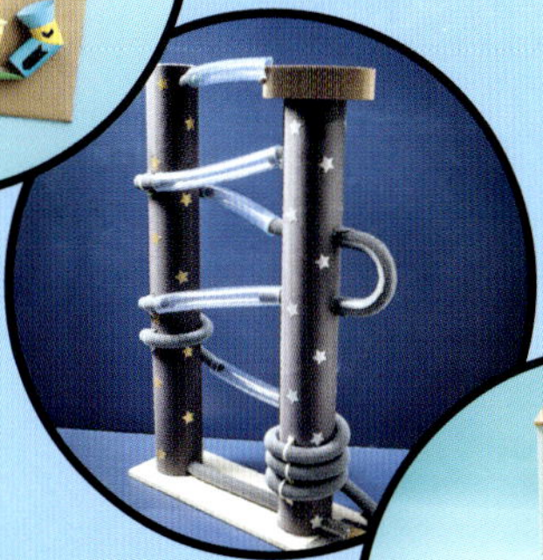

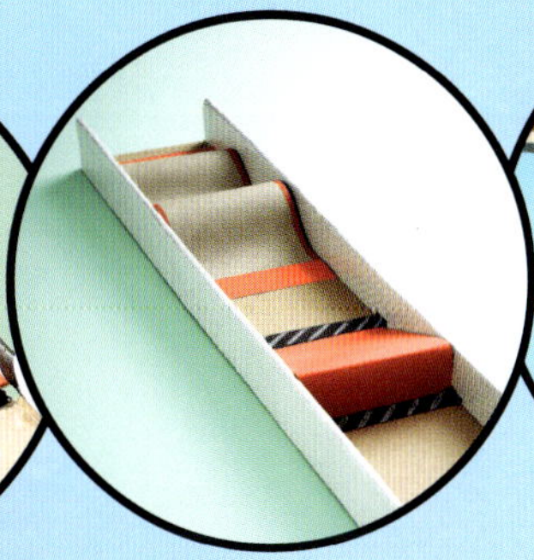

Die DigiBib – Vorlagen!
Die Vorlagen zu diesem Buch stehen in deiner Digitalen Bibliothek unter www.topp-kreativ.de/digibib für dich bereit. Den Freischaltcode findest du im Impressum auf Seite 76.

Murmelbahnen bauen

Wenn Murmeln um die Wette flitzen, über Schanzen springen und beim Looping der Schwerkraft trotzen, sind Spaß und Action angesagt. Kinder und Erwachsene werden gleichermaßen in den Bann der bunten Glaskugeln gezogen. Und es ist schwer zu sagen, was mehr Spaß macht: den Murmeln beim Rennen zuzuschauen oder eine Murmelbahn zu bauen. Gut, dass man sich nicht entscheiden muss! Denn ist die eigene Murmelbahn erst einmal gebaut, geht das Vergnügen ja weiter. Dann werden Spezialeffekte ausprobiert, Wettrennen veranstaltet oder einfach dem Klackern der Murmeln gelauscht.

Dieses Buch zeigt eine Reihe verschiedenster Bahnen – von kinderleicht bis fortgeschritten. Mit einfachen Materialien entstehen schwindelerregende Kurven, coole Loopings, originelle Röhrensysteme, Labyrinthe und Rennstrecken. Da ist für jeden etwas dabei. Die einfachen Bahnen können Kinder oft schon allein anfertigen. Bei den aufwendigeren Bahnen sollte ein Erwachsener zur Seite stehen. Macht doch ein Gemeinschaftsprojekt daraus und geht im Teamwork ans Werk. Die nachfolgende Grundanleitung erklärt die wichtigsten Basics und worauf ihr beim Basteln achten solltet.

Hinweis:
Die Bahnen in diesem Buch wurden für handelsübliche Glasmurmeln mit einem Durchmesser von 1,6-1,8 cm entworfen. Die Murmel, die diesem Buch beigelegt ist, entspricht dieser Größe. Einige Bahnen sind genau auf diese Größe abgestimmt und funktionieren daher nicht, wenn andere Murmeln verwendet werden.

DIE GRUNDMATERIALIEN

Für die Bahnen in diesem Buch wurden überwiegend Materialien verwendet, die man oft bereits zuhause hat. Hinzu kommen einfache Dinge, die du zum Beispiel im Baumarkt findest. Am wichtigsten sind Papier und Pappe. Hier eine kleine Übersicht:

1 Pappkarton

Außen auf beiden Seiten glatt, im Innern gewellt, meist hellbraun eingefärbt. Typischerweise bestehen Versandkartons aus diesem Material. Wenn du keine großen Versandkartons zuhause hast, kannst du auch einen Umzugskarton aus dem Baumarkt verwenden oder in einem Laden nachfragen, ob sie leere Kartonagen haben.

2 Graupappe

Auf beiden Seiten glatt, leicht an der grauen Farbe zu erkennen. Häufig wird sie für Lebensmittelverpackungen verwendet oder als Rücken von Wandkalendern und Schreibblöcken. Es gibt dickere und dünnere Graupappe, die unterschiedlich stabil ist.

3 Wellpappe

Auf einer Seite gewellt, auf einer Seite glatt. Im Bastelbedarf in vielen Farben erhältlich. Bastelwellpappe ist deutlich stabiler als Wellpappe aus dem Baumarkt. Daher sollte ausschließlich Bastelwellpappe für die Bahnen verwendet werden.

4 Pappröhren

Lassen sich für Bahnen oder als Säulen verwenden. Sehr gut geeignet sind zum Beispiel die Pappröhren von Klopapier, Küchentüchern, Geschenkpapier, Chipsdosen oder Versandröhren.

5 Platten

Für Bahnen und als robuste Standfläche geeignet. Gut sind zum Beispiel Sperrholzplatten, MDF-Platten und Pressspanplatten. Sie verziehen sich in der Regel weniger als Vollholzplatten, sind leicht und lassen sich gut verarbeiten.

6 PVC-Schläuche

Im Baumarkt oder Gartencenter gibt es günstige Schläuche als Meterware. Transparente Schläuche erhöhen den Spaßfaktor, weil man die Murmeln darin sehen kann. Der Durchmesser sollte mindestens 2,5 cm betragen. Wenn die PVC-Schläuche erwärmt werden (zum Beispiel in heißem Wasser oder mit dem Föhn), werden sie weicher und lassen sich gut formen. Lass dir dabei von einem Erwachsenen helfen.

7 Ablaufschlauch

Im Sanitärbereich im Baumarkt zu finden (Waschmaschinenanschluss). Werden in festen Längen von 1 m, 2 m und 3 m angeboten. Sind gut biegbar, aber nicht transparent. Die Rillen sind so fein, dass die Murmeln nicht zu sehr gebremst werden, und sie machen ein schönes Geräusch.

DIE KLEBSTOFFE

Gute Verbindungen sind bei den Murmelbahnen sehr wichtig. Nur wenn alles fest zusammenhält, können die Murmeln ohne unbeabsichtigten Zwischenstopp durch die Bahn rollen. Je nach Material und Situation sind verschiedene Klebstoffe die erste Wahl:

1 Heißklebepistole

Verbindet nahezu alles schnell und fest miteinander. Frag deine Eltern, ob du damit kleben darfst und lass dir von einem Erwachsenen helfen. Die Heißklebepistole wird sehr heiß und man kann sich leicht damit verbrennen. Für Kinder ist eine Niedertemperatur-Klebepistole besser geeignet.

2 Alleskleber

Verbindet eine Vielzahl von Materialien miteinander. Gut zum Anbringen von Details und kleineren Teilen geeignet. Trocknet schnell.

3 Klebestift

Sehr gut zum Aufkleben von Papier geeignet. Lässt sich flächig auftragen und gut verteilen.

4 Kleister

Eignet sich sehr gut, um Papier um Röhren zu kleben. Noch besser hält er, wenn du ihn mit Holzleim aufpeppst. Für deinen Super-Kleister mischst du zwei Teile Tapetenkleister mit einem Teil Holzleim. Den Tapetenkleister rührst du nach Herstellerangaben an. In einem Schraubglas kannst du den Super-Kleister einige Wochen aufbewahren.

5 Klebeband

Silberfarbenes Textilklebeband (auch Grizzly Tape®, Powertape, Panzertape, Steinband oder Duct-Tape genannt) hat eine hohe Klebekraft und eignet sich sehr gut für Verbindungen. Mit doppelseitigem Klebeband kannst du zum Beispiel Röhren aufhängen.

6 Wiederablösbare Klebepads

Sind gut geeignet, um Elemente deiner Murmelbahn zum Beispiel an Möbelstücken anzubringen, da sie sich später wieder gut entfernen lassen.

VORLAGEN ÜBERTRAGEN

Mach eine Fotokopie der Vorlage, schneide sie aus und verwende sie als Schablone. Lege sie dazu auf das gewünschte Material und umfahre sie exakt mit einem spitzen Stift. Danach kannst du das Motiv ausschneiden.

Innenlinien kannst du übertragen, indem du sie mit einem spitzen Stift oder einer dicken, stumpfen Nadel nachziehst. Dadurch werden sie in das darunterliegende Material eingedrückt.

TIPP

Wenn du keine Möglichkeit hast, eine Fotokopie zu machen, kannst du die Vorlage auf Butterbrot- oder Transparentpapier durchpausen und dann wie eine Fotokopie verwenden.

PAPIER UND PAPPE SCHNEIDEN

Am sichersten ist es, wenn du alles mit einer Schere ausschneidest. Am besten hast du neben einer großen, stabilen Schere für Pappkarton und große Motive noch eine kleine Schere für feine Schnitte und enge Stellen. Lange, gerade Schnitte lassen sich am besten mit einem Metalllineal und einem Cutter oder Schneidemesser machen. Auch für Innenschnitte ist das Schneidemesser oft gut geeignet. Frag einen Erwachsenen, ob er dir hilft oder ob du das Messer verwenden darfst. Schneidemesser sind sehr scharf und darum nicht für kleine Kinder geeignet. Verwende auf jeden Fall immer eine schnittfeste Schneideunterlage. Das kann zum Beispiel ein dickes Stück Pappkarton sein oder eine Schneidematte aus dem Bastelbedarf.

Beim Zuschnitt von Pappkarton und Wellpappe solltest du immer auf die richtige Richtung achten. Beide Pappen haben Rillen, bei der Wellpappe sind sie gut sichtbar auf der Außenseite. Beim Pappkarton befinden sie sich im Innern. Oft kann man aber auf der Außenseite feine Linien erkennen.

Wellpappe schneidest du immer quer zu den Rillen zu (A). Dann lassen sich die Streifen leicht biegen und um Rundungen kleben. Bei Pappkarton kommt es darauf an, wofür du ihn benötigst. Soll das Teil gefaltet werden, schneidest du es quer zu den Rillen zu (B). Soll das Teil besonders stabil sein, schneidest du es längs zu den Rillen zu (C). Die Pfeile auf dem Foto zeigen die Richtung der Rillen an.

FALZEN UND FALTEN

Schöne, saubere Knicke gelingen dir, wenn die Pappe oder der Karton an der gewünschten Stelle zuerst gefalzt wird. Lege ein Lineal an der Faltlinie (Strichlinie) an und fahre mit einem spitzen Stift oder einer dicken, stumpfen Nadel mit leichtem Druck auf der Linie am Lineal entlang. Die Pappe oder der Karton lassen sich anschließend ganz leicht an der eingedrückten Linie falten.

EINE BAHN BAUEN

Einige Murmelbahnen in diesem Buch sind exakt vorgegeben und haben daher eine ganz genaue Bauanleitung, der du Schritt für Schritt folgen kannst. Andere Bahnen, wie zum Beispiel die Röhrenbahn auf Seite 34 oder die Bahn im Pappkarton auf Seite 16, lassen Freiraum für eigene Ideen. Der Bau dieser Murmelbahnen ist immer eine kleine Herausforderung. Am besten überlegst du dir zu Beginn, wie deine Bahn in etwa aussehen soll. Und dann findest du Schritt für Schritt beziehungsweise Stück für Stück heraus, ob deine Bahn auch tatsächlich funktioniert. Das ist Teil des Vergnügens!

Solange du die Grundregel beachtest, dass eine Murmel immer von oben nach unten rollt, gibt es kein Richtig oder Falsch beim Bau deiner Murmelbahn. Beginne am oberen Ende und bringe die ersten Röhren, Rinnen oder Rampen an. Dann machst du einen Testlauf mit einer Murmel. Bleibt die Murmel in der Bahn? Rollt sie ohne Stopp bis zum Ende? Wenn die Antwort Ja ist, geht es weiter mit den nächsten Röhren, Rinnen oder Rampen. Hat deine Planung einen Fehler, korrigierst du ihn. Hat die Murmel beispielsweise zu viel Schwung, musst du die Bahn flacher machen. Rollt die Murmel zu langsam und bleibt vielleicht sogar liegen, musst du die Bahn steiler machen. Überprüfe auch die Verbindungsstellen. Der Anschluss muss eben sein oder die Form einer Stufe haben, die nach unten führt. Und wenn die Murmel seitlich aus der Bahn fällt, klebst du einen Rand auf oder du machst den Rand der Bahn höher. Manchmal „verirren“ sich Murmeln und finden nicht den richtigen Weg. Dann kannst du vielleicht etwas Knete anbringen und die Murmeln in die richtige Richtung leiten. Finde spielerisch heraus, was geht und was nicht. Tüftle, experimentiere und stelle dich der Herausforderung! Du kannst dabei viel über physikalische Gesetze lernen.

Jede Murmelbahn in diesem Buch funktioniert für sich allein. Du kannst aber auch einzelne Bahnen miteinander verbinden. Manche Bahnen können beliebig erweitert werden, andere sind besonders gut für den Einbau von Spezialeffekten geeignet. In der Rubrik „Eigenschaften“ findest du zu jeder Bahn nützliche Angaben.

Und natürlich musst du dich beim Bau deiner eigenen Bahn nicht auf die Ideen und Materialien beschränken, die in diesem Buch gezeigt bzw. verwendet werden. Wenn du Lust auf eine richtig große Bahn hast, dann versuch es doch mal mit einer Regenrinne (A) und mit Abwasserrohren (B). Sie lassen sich gut mit dicken Schläuchen oder Papprohren verbinden (C). Auch PET-Flaschen (D) und Getränkekartons (E) lassen sich vielseitig einsetzen. Mit Winkel- und Hohlkehlleisten aus Holz (F) kannst du weite Strecken überbrücken. Und sogar Bausteine, Bauklötze und Holzeisenbahnschienen kannst du zum Bauen verwenden. Bestimmt fallen dir noch viele weitere Dinge ein. Die Möglichkeiten sind grenzenlos.

Hinweis: Achte darauf, dass kleine Kinder nicht unbeaufsichtigt mit den Murmeln oder den Kleinteilen der Murmelbahn spielen.

TIPP

Vergiss nicht, am Ende deiner Bahn einen Pappkarton oder eine kleine Schale aufzustellen, um die Murmeln aufzufangen.

TIPP

STICKER MACHEN

Mach eine Kopie der Motive von Seite 64 und 65 und male sie nach Wunsch aus. Klebe doppelseitiges Klebeband auf die Rückseite und schneide die Motive aus. Danach kannst du sie wie Sticker auf deine Bahn kleben.

SCHWIERIGKEITSGRADE

- ✪ kinderleicht
- ✪✪ etwas aufwendiger
- ✪✪✪ anspruchsvoll

GO!
GO!

Die Bahnen

Schlängelnder Drache

windet sich um Möbel, Geländer oder einen Baum

DU BRAUCHST

- PET-Flasche, 0,5 l
- Spiralschlauch, ø 2,5 cm, 2 m lang
- Tonpapier in Blau, 11 cm x 22 cm
- Tonpapierrest in Hellgrün, Blau, Rot und Weiß
- Krepppapier in Rot, 2x 10 cm x 21 cm und 2x 6 cm x 30 cm
- Krepppapier in Blau, 10 cm x 21 cm und 3x 6 cm x 30 cm
- 2 Wackelaugen, ø 2,5 cm
- Chenilledraht in Grün
- Gewebeklebeband
- UHU Alleskleber
- Schere
- Bleistift
- Brotmesser mit Wellenschliff
- Lineal

VORLAGEN S. 72

1 Schneide an der PET-Flasche mit dem Brotmesser das Gewinde ab. Lass dir dabei eventuell von einem Erwachsenen helfen. Den Boden schneidest du mit der Schere ab. Das gerade Stück, das an der Flasche bleibt, sollte 11 cm lang sein.

1
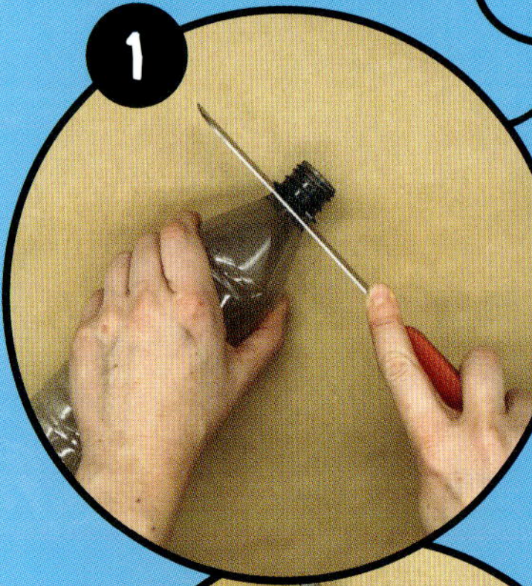

2 Stecke die Flasche mit dem Hals in die Öffnung des Schlauches. Wenn die Flasche zu dick dafür ist, schneidest du ein paar Schlitze in die Öffnung des Flaschenhalses. Drücke die Öffnung etwas zusammen, stecke die Flasche in den Schlauch und umwickle die Verbindung gut mit dem Klebeband.

2

3 Klebe den blauen Tonpapierstreifen mit Alleskleber um die Flasche. Schneide mithilfe der Vorlagen zwei Zähne, zwei Nüstern, zwei Augenflecken und die beiden Zackenteile zu. Knicke die Zähne und die Zackenteile an den gestrichelten Linien und klebe dann alle Teile und die Wackelaugen wie abgebildet auf. Beginne am besten mit den Zackenteilen.

3

4 Zum Schluss bringst du die Mähne an. Klebe dazu die rechteckigen Zuschnitte (10 cm x 21 cm) an einer langen Kante leicht versetzt aufeinander und schneide die gegenüberliegende Kante in Fransen. Dann klebst du die Mähne hinten um den Drachenkopf. Binde danach die langen Krepppapierstreifen um den Schlauch und schneide Fransen in die Enden.

4

5 Lass deinen Drachen um einen Stuhl oder einen anderen Gegenstand schlängeln und binde ihn bei Bedarf mit dem Chenilledraht fest.

EIGENSCHAFTEN

- kann leicht mit anderen Bahnen kombiniert werden

Pappkisten-bahn

handlich und kinderleicht gemacht

DU BRAUCHST

- Pappkartonkiste, ca. 30 cm x 40 cm (Bodenfläche)
- ggf. Pappkarton, 30 cm x 40 cm
- Acrylmarker in Weiß, Hellblau, Pastellgelb, Hellgrün und Schwarz
- Heißklebepistole
- Schere
- Cutter mit Schneideunterlage
- Metalllineal
- Bleistift

TIPP

Setze die Murmeln oben in der Ecke in die Bahn, damit sie an der Rückwand entlang kullern.

1 Bereite zuerst die Pappkartonkiste vor und schneide den Rand auf 6 cm Breite. Zeichne dir die Schnittlinien dafür mit Lineal und Bleistift vor. Wenn deine Kiste keinen schönen Boden hat, deckst du ihn mit Pappkarton ab. Miss dazu den Boden deiner Kiste aus, schneide ein Pappkartonstück auf die passende Größe und klebe es in die Kiste.

2 Schneide nun vorsichtig am oberen Ende der Kiste den Rand heraus, damit du später die Murmeln hineingeben kannst. Schneide das Randstück auf 3 cm Breite und klebe es anschließend unten quer auf deine Kiste. Dadurch werden später die Murmeln aufgefangen.

3 Nun wird die Bahn gebaut. Miss innen die Tiefe deiner Kiste aus und schneide die Pappkartonreste in entsprechend breite Streifen. Überlege dir, wie die Bahnen in der Kiste laufen sollen. Schneide die Streifen auf die passende Länge und zeichne mit Bleistift an, wo sie später angebracht werden.

4 Du kannst auch Spezialeffekte einbauen, wie zum Beispiel die Zickzackbahn (Anleitung auf Seite 52). Gut geeignet sind auch ein Mühlrad (Seite 54) und eine kleine Schanze. Oder du knickst den Pappstreifen, sodass eine Treppe entsteht.

5 Bevor du die Pappstreifen mit der Heißklebepistole in der Kiste anbringst, ist noch einmal deine Kreativität gefragt: Bemale deine Murmelbahn mit den Markern. Du kannst auch Elemente aus Pappe ausschneiden und aufkleben (Sonne). Dann klebst du die Pappkartonbahnen auf. Achte darauf, dass sie nicht nach vorn kippen. Sonst kullert die Murmel später aus der Bahn.

EIGENSCHAFTEN

- in sich geschlossene Bahn
- kann über Pappröhren verbunden werden
- gut für den Einbau von Spezialeffekten geeignet

Pappbecher-bahn

mit Baumaterial vom Supermarkt

DU BRAUCHST

- 6 Pappbecher, 0,2–0,25 l
- 7 Pappbecher, 4 cl
- 10 Papiertrinkhalme
- doppelseitiges Klebeband
- wiederablösbare Klebepads
- Schere

TIPP
Weiße Pappbecher kannst du mit Filzstiften bunt anmalen.

1 Nimm drei große Pappbecher und schneide unten jeweils eine kleine Öffnung hinein. Sie sollte gerade so breit sein, dass deine Murmeln durchpassen. Hier sind es 2 cm. Die Höhe des Lochs beträgt 3-4 cm. Den unteren Rand des Bechers schneidest du dort ebenfalls ab. Dann klebst du mit doppelseitigem Klebeband zwei Trinkhalme an. Die Trinkhalme sitzen rechts und links am Rand der Öffnung, in der Mitte ist eine Lücke.

2 An den übrigen Bechern schneidest du den Boden heraus. Mach mit der Schere jeweils ein Loch in die Mitte des Bodens, schneide bis zum Rand und dann mit vielen kleinen Schnitten den Boden sauber heraus. Drücke die Schnittkante flach, damit die Murmeln nicht gestoppt werden.

3 Frag deine Eltern, wo du die Bahn anbringen darfst. Du brauchst eine senkrechte Fläche, zum Beispiel eine Wand, einen Schrank oder eine Zimmertüre. Überlege dir dann, wie du die Becher anordnen möchtest. Vielleicht hast du eine eigene Idee oder du machst es wie auf dem Foto. Bei Bedarf kannst du die Trinkhalme mit der Schere kürzen. Oder du verlängerst sie, indem du einen Halm an einem Ende etwas zusammendrückst und fest in die Öffnung eines anderen steckst.

4 Beginne mit dem obersten Becher und arbeite dann weiter von oben nach unten. Am besten verwendest du zum Anbringen die wiederablösbaren Klebepads. Die Trinkhalme fixierst du mit doppelseitigem Klebeband. Am besten drückst du die Enden der Trinkhalme flach, damit die Murmeln nicht gestoppt werden. Und achte darauf, dass zwischen den beiden Trinkhalmen immer etwas Abstand ist, damit die Murmeln sicher rollen.

5 Mach zwischendurch immer wieder einen Testlauf mit einer Murmel, um zu schauen, ob alles passt. Wenn nicht, versuch die letzte Verbindung zu korrigieren, zum Beispiel, indem du den Becher schräger anbringst oder etwas drehst, sodass die Murmel ohne zu stoppen weiterrollt.

1

2

3

EIGENSCHAFTEN

- kann beliebig erweitert werden
- kann über Pappröhren mit anderen Bahnen verbunden werden

Zickzack-bahn

mit Wäscheklammern schnell gemacht

DU BRAUCHST

- festes Papier, ca. 3 cm x 8 cm (Schablone)
- dünner Pappkarton, 8 cm x 40 cm
- 13 Holzwäscheklammern, ca. 1 cm x 7,5 cm
- Filzstifte in 13 Farben
- flache Schale, ø mind. 10 cm (Auslauf)
- Bücher (als Stütze)
- Lineal
- Schere

VORLAGEN S. 73

1 Übertrage die Vorlage für die Schablone auf das feste Papier und schneide sie aus. Lege die Schablone dann oben an der rechten Kante des Pappkartons an. Zeichne das kleine Dreieck auf und markiere das untere Ende der Schablone mit einem kurzen Strich. An diesem Strich legst du nun wieder die Schablone an, überträgst das Dreieck und markierst das untere Ende. So machst du weiter, bis du sieben Dreiecke angezeichnet hast.

2 An der gegenüberliegenden Kante zeichnest du ebenso kleine Dreiecke an. Beginne aber etwas weiter unten, damit die Klammern später eine Zickzackbahn bilden. Miss von der oberen Kante mit dem Lineal 3 cm ab und lege an dieser Stelle die Schablone für das erste Dreieck an. Dann geht es weiter wie gewohnt, bis du sechs Dreiecke angezeichnet hast.

3 Nun werden die Wäscheklammern verziert. Male dazu den oberen Teil der Klammern mit den Filzstiften an, bei jeder Klammer in einer anderen Farbe. Schneide dann die kleinen Dreiecke aus dem Pappkarton aus und bringe die Klammern in den Ausschnitten an. Schiebe sie möglichst weit auf den Pappkarton.

4 Stelle die Murmelbahn in die Auffangschale und lehne sie an den Bücherstapel. Die Bahn darf nicht zu steil sein, da sonst die Murmeln herausfallen. Auch mit den Klammern kannst du das Tempo der Murmeln beeinflussen. Je flacher die Klammern sind, desto langsamer kullern die Murmeln durch die Zickzackbahn. Probiere es einmal aus!

TIPP

Du kannst die Bahn beliebig verlängern. Verbinde bei Bedarf mehrere Pappkartonstücke mit Klebeband und verstärke sie auf der Rückseite mit einer schmalen Holzleiste.

1

2

3

EIGENSCHAFTEN

- kann leicht mit anderen Bahnen kombiniert werden
- in einigen Bahnen auch als Spezialeffekt verwendbar (siehe Seite 52)

EIGENSCHAFTEN

- kann gut mit anderen Bahnen kombiniert werden

Pappteller-turm

mit schwindelerregenden Kurven

DU BRAUCHST

- 5 Pappteller, ø 23 cm
- Chipsdose, ø 7,5 cm, ca. 22 cm hoch
- Packpapier, ca. 26 cm x 22 cm
- Tonkarton in Hellbraun oder Kraftpapieroptik, 28 cm x 12 cm
- 6 Mini-Pompons in Blautönen
- Acrylfarbe in Türkis und Weiß
- Sand, ca. 200 g
- Papierklebeband in Kraftpapieroptik
- UHU Alleskleber oder Heißklebepistole
- Pinsel
- Bleistift
- Lineal
- Schere

VORLAGEN S. 73

1 Male die Pappteller wie abgebildet mit der Farbe an und lass sie trocknen. In der Zwischenzeit beklebst du die Chipsdose mit dem Packpapier. Die Ränder kannst du mit der Schere sauber nachschneiden. Fülle den Sand in die Dose ein, damit die Murmelbahn später sicher steht, und klebe den Deckel auf. Dann legst du das Lineal seitlich an der Dose an und machst bei 4 cm, 8 cm, 12 cm, 16 cm und 20 cm eine Markierung.

2 Stelle die Chipsdose mittig auf einen Pappteller und umfahre sie mit dem Bleistift, sodass ihre Kreisform auf den Teller übertragen wird. In diesen Kreis zeichnest du einen zweiten Kreis, der etwa 1,5 cm kleiner ist. Er muss nicht perfekt sein. Er dient nur als Hilfslinie.

3 Mach mit der Schere einen geraden Schnitt zur Mitte und schneide den kleinen Kreis aus. Dann schneidest du die Kreiskante in gleichmäßigen Abständen bis zum großen Kreis ein. Fertig sind die Klebelaschen! Knicke sie nach unten und lege den Teller probehalber um die Dose: Er muss locker sitzen, ohne sich zu verziehen. Sitzt er zu fest, schneidest du die Laschen noch etwas weiter ein.

1

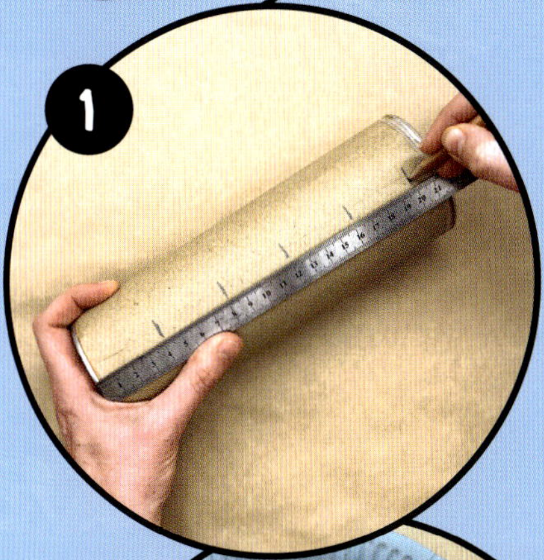

2

3

TIPP

Der Farbverlauf gelingt ganz leicht, wenn du mit dem dunkelsten Teller beginnst und dann nach jedem Teller zusätzlich etwas weiße Farbe in das Türkis mischst.

Auf der nächsten Seite geht es weiter.

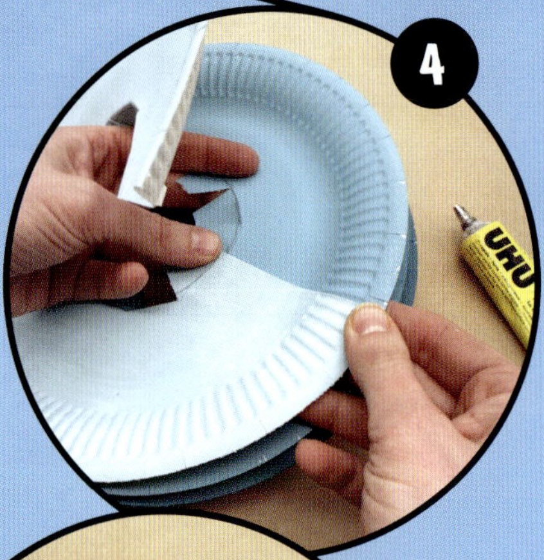

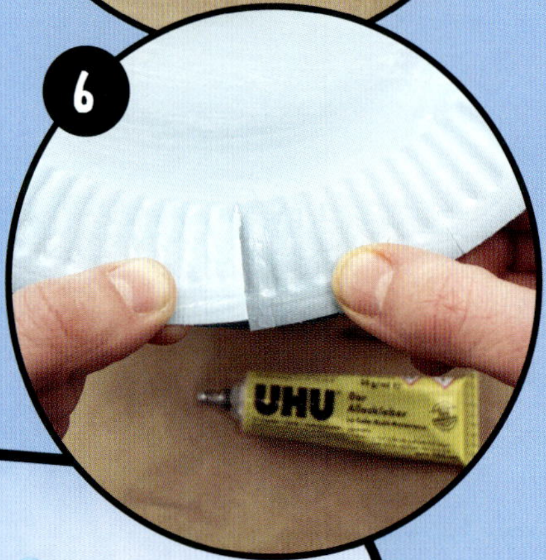

4 Bereite alle Teller wie beschrieben vor und verbinde sie dann zu einer spiralförmigen Schlange. Klebe dazu immer die rechte gerade Schnittkante des einen Tellers an die linke des anderen. Achte dabei auf die Farbreihenfolge von dunkel zu hell. Der hellere Teller wird immer von oben aufgeklebt, damit die Murmel später gut über die Verbindungsstellen rollen kann.

5 Stelle die Dose so vor dich, dass sich die Markierung, die du bei 4 cm gemacht hast, oben befindet. Ziehe die Papptellerschlange von unten nach oben auf die Dose, verteile sie gleichmäßig (dabei helfen dir die Markierungen aus Schritt 1) und klebe sie mit den Klebelaschen fest.

6 Fertig? Dann mach einen Testlauf mit deiner Murmel. Wenn die Murmel aus der Bahn springt, ist der Rand der Teller zu flach. Abhilfe verschaffen kleine Schnitte, die du gleichmäßig verteilt in den Rand der Teller machst (etwa drei bis vier pro Teller). Danach die Schnittkanten leicht überlappend aufeinanderkleben. Dadurch wölbt sich der Rand weiter nach oben.

7 Verdecke nun die Klebelaschen mit dem Papierklebeband. Setzte das Klebeband dazu oben an der Spirale an und führe es Runde für Runde bis nach unten. Gut andrücken.

8 Damit du deine Murmeln direkt bei der Murmelbahn aufbewahren kannst, bekommt deine Murmelbahn noch eine Krone. Schneide die Vorlage aus dem Tonkarton aus und klebe die Krone mit der Klebelasche zusammen.

9 Klebe die Krone oben auf die Dose und verziere sie mit den Pompons. Zum Schluss rundest du die obere Ecke der Bahn noch mit der Schere ab.

TIPP

Du kannst dir Arbeit sparen und nur jede zweite Klebelasche ankleben. Die Bahn ist auch so stabil genug. Mit der Heißklebepistole geht es etwas schneller.

Gib Gummi!

Ein Steckbrett mit tausend Möglichkeiten

DU BRAUCHST

- Papier in Weiß, 3x A4
- MDF-Platte, 12-16 mm, 55 cm x 30 cm
- 10 Schaschlikstäbchen
- 10-20 Haushaltsgummis
- Acrylfarbe in Grau
- Papierklebeband
- Säge
- Schleifpapier, Körnung 80 und 200
- Hand- oder Akkubohrer mit Bohraufsatz, ø 3-3,5 mm
- Pinsel
- Lineal
- Geodreieck®
- Kombizange
- Bleistift
- ggf. Manikürstäbchen mit Feilspitze
- ggf. Wattestäbchen
- ggf. Klarlack

VORLAGEN S. 73

1 Erstelle mithilfe der Vorlagenzeichnung eine Papierschablone. Klebe dazu die drei Papierbögen zu einem großen Rechteck zusammen und zeichne darauf die Form des Hauses in Originalgröße an. Schneide das Haus aus und ziehe an den Dachschrägen im Abstand von 1 cm je eine Linie.

2 Ausgehend von diesen beiden Linien malst du nun ein Gitternetz auf deine Vorlage. Der Abstand zwischen den parallelen Linien beträgt immer 2 cm. Achte darauf, dass du genau arbeitest und die Kreuzungspunkte deines Gitternetzes auf einer senkrechten Linie untereinanderliegen.

3 Zeichne das Haus mithilfe der Papierschablone auf die MDF-Platte. Damit die Schablone nicht verrutscht, kannst du sie mit Klebeband fixieren. Die Papierschablone wieder abnehmen und das Haus mit der Säge aussägen. Lass dir dabei eventuell von einem Erwachsenen helfen. Die Kanten mit dem Schleifpapier nacharbeiten und die Ecken abrunden.

Auf der nächsten Seite geht es weiter.

4 Nun kannst du dein Haus mit Farbe gestalten. Male die Vorderseite und die Kanten grau oder in deiner Lieblingsfarbe an. Lass die Farbe gut trocknen. Wenn du möchtest, kannst du die Farbschicht danach noch mit einer Schicht Klarlack schützen.

5 Bevor du die Löcher in die Platte bohrst, wählst du den passenden Bohraufsatz. Die Schaschlikstäbchen müssen sich leicht in die Löcher stecken lassen, aber genug Halt haben, um nicht herauszufallen. Mach am besten einen Test auf einem Reststück der MDF-Platte. Wenn du den richtigen Bohraufsatz gefunden hast (hier ø 3,2 mm), misst du von der Spitze 1 cm ab und klebst ein Stück Klebeband um den Bohrer. Das Klebeband zeigt dir, wie tief du bohren kannst, ohne durch die Rückwand der Platte zu bohren.

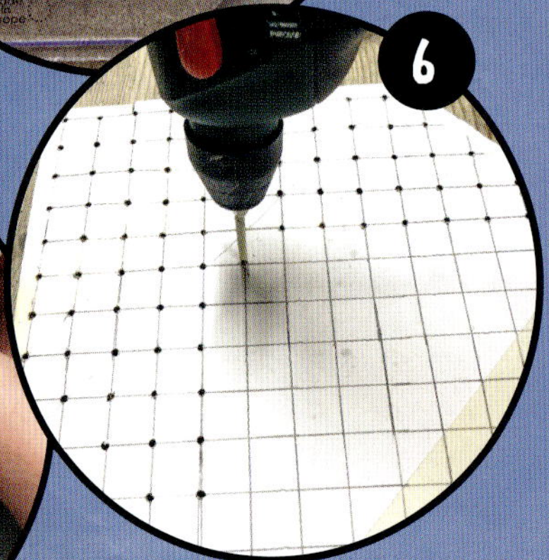

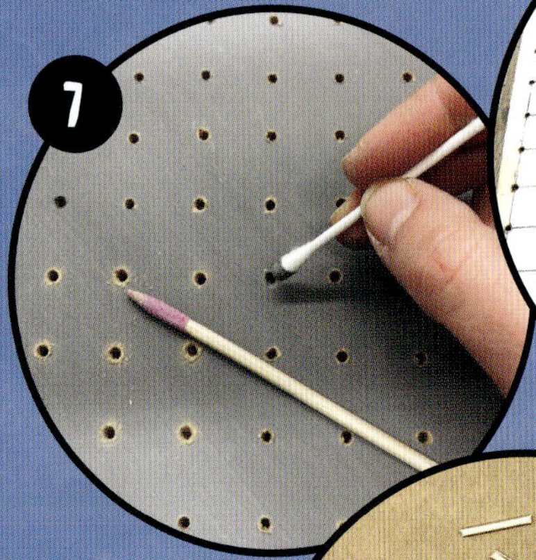

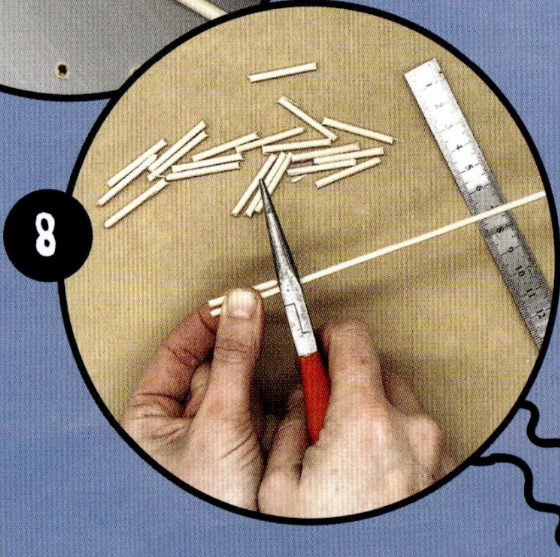

6 Lege nun die Papierschablone wieder auf und befestige sie an den Rändern mit Klebeband, damit sie nicht verrutscht. Dann bohrst du an jedem Kreuzungspunkt des Gitternetzes ein Loch. Lass dir dabei ruhig Zeit. Achte auf die Markierung am Bohrer, damit du nicht zu tief bohrst. Und halte den Bohrer immer senkrecht, damit die Löcher gerade werden.

7 Die Schablone abnehmen, die Späne aus den Löchern klopfen und abreiben. Unsaubere Bohrlöcher kannst du mit einem Manikürstäbchen nacharbeiten und glätten. Wenn der Rand etwas ausgerissen ist, kannst du mit dem Wattestäbchen etwas Farbe auftupfen.

8 Jetzt schneidest du die Schaschlikstäbchen in 3 cm lange Stücke. Das gelingt ganz leicht mit der Schneidefläche der Kombizange. Die Länge des ersten Hölzchens misst du mit dem Lineal und schneidest es ab. Dann nimmst du dieses Hölzchen als Vorlage. Lege es beim Schneiden am langen Schaschlikstäbchen an. Die Schnittkanten der Hölzchen glättest du etwas mit dem Schleifpapier.

9 Steck mit den Hölzchen deine Bahn und spanne die Gummis dazwischen. Mach dabei immer wieder einen Testlauf. Wenn die Spannung der Gummis zu hoch ist, springen die Murmeln wie auf einem Trampolin. Ist die Spannung zu gering oder sind die Gummis zu weit hinten bzw. zu weit vorn auf den Hölzchen, fallen die Murmeln herunter. Zum Spielen die Bahn am besten leicht schräg aufstellen, zum Beispiel an eine Wand gelehnt.

10 Diese Bahn eignet sich super, um Spezialeffekte einzubauen. Auf dem Foto siehst du unten rechts ein Labyrinth (siehe Seite 52). In der Mitte befindet sich eine Weiche (siehe Seite 60). Auch ein Mühlrad (siehe Seite 54) ist möglich. Und wenn du die Gummis gut spannst, hüpfen die Murmeln.

TIPP

Übrige Gummibänder und Stäbchen kannst du an einer freien Stelle der Bahn aufbewahren.

EIGENSCHAFTEN

- immer wieder neu gestaltbar
- in sich geschlossene Bahn
- kann gut mit anderen Bahnen kombiniert werden
- gut geeignet für den Einbau von Spezialeffekten

Einfach märchenhaft

aus Saftkarton, Papier und Pappe

EIGENSCHAFTEN

- kann über Röhren mit anderen Bahnen verbunden werden
- für den Einbau von Spezialeffekten geeignet

DU BRAUCHST

- 2 Saftkartons, quadratisch, 1 l
- Saftkarton, rechteckig, 1 l
- Küchenrolle, 14 cm und 7 cm lang
- Graupappe, 4x 4 cm x 25 cm
- Tonkarton in Grün, A5
- Tonkarton in Rot, 7 cm x 12 cm
- Zeichenpapier, 2x A3 und 1x A4
- Wasserfarben
- breiter Flachpinsel
- feiner Rundpinsel
- Lineal
- Geodreieck®
- Schere
- UHU Alleskleber

VORLAGEN S. 66

TIPP
Flicht aus Wolle einen Zopf und bring ihn am Rapunzelturm an.

1 Male auf die beiden größeren Blätter des Zeichenpapiers mit wässriger brauner Farbe die Backsteine und schattiere sie mit wenig Schwarz und dunklem Braun. Das dritte Papier bekommt braune Streifen. Die beiden Küchenrollen malst du ebenso braun an, das werden die Baumstämme. Alles trocknen lassen.

2 Schneide die Saftkartons oben auf. Für das Haus schneidest du an einem quadratischen Saftkarton die Vorder- und Rückseite mithilfe der Vorlage zu. Falte die Seiten um den Giebel und klebe sie aufeinander. Beklebe das Haus mit dem gestreiften Papier und die beiden anderen Saftkartons mit den mit Backsteinen bemalten Papieren. Lass alles trocknen.

3 Schneide nun oben in die Türme und in den hohen Baumstamm im Abstand von 2 cm zwei Schlitze. Bei den Türmen sind die Schlitze 2 cm tief, beim Baum 1 cm tief. Drehe den kleineren Turm und den Baumstamm weiter. Zeichne 2 cm unter der oberen Kante ein 2 cm x 2 cm großes Quadrat an und schneide es oben und an den Seiten ein. Klappe die Laschen an den Einschnitten nach außen.

4 Falte die Kanten der Graupappestreifen 1 cm breit um (siehe auch Falzen und Falten, Seite 10). Verbinde die Türme und den großen Baum, indem du die Bahnen in die Ausschnitte einsteckst. Schiebe sie im Innern so übereinander, dass die Murmel sicher von einer Bahn in die andere fällt.

5 Verbinde die Bäume mit dem Haus. Hier wurde als Spezialeffekt ein Mühlrad eingebaut (Anleitung auf Seite 54). Klebe die obere Bahn mittig über dem Rad an das Haus. Die untere Bahn klebst du darunter an. Am Ende der Bahn steckst du den kleinen Baum auf. Schneide dazu unten zwei Schlitze in den Stamm.

6 Schneide die Zinnen in die Türme und klebe den roten Tonkarton als Dach auf das Haus. Schneide das Grün der Bäume mithilfe der Vorlage zu, schneide unten die Schlitze ein und stecke sie in die Baumstämme.

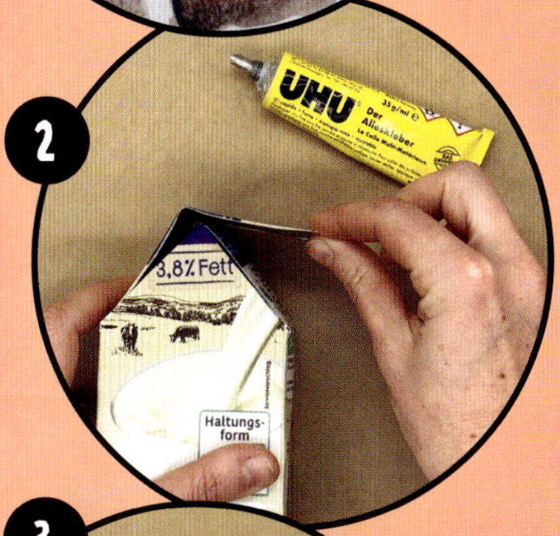

Treppen-türme

klackert, wenn die Murmeln kullern

DU BRAUCHST

- Chipsdose oder PET-Flasche mit geraden Wänden, 1 l
- 20–40 Eisstäbchen, 1 cm x 11 cm
- Papier in Weiß, A3
- Malerkrepp, 3 cm breit
- ggf. Papierklebeband in passenden Farben
- Wasserfarben
- Pinsel
- Cutter mit Schneideunterlage
- Schere
- Geodreieck®
- Bleistift
- ggf. Klebestift

1 Entferne den Ausschank und den Boden der Flasche, sodass du eine schöne Röhre hast, und begradige die Kanten mit der Schere. Bei der Chipsdose entfernst du den Deckel und den Boden. Bemale das weiße Papier mit den Wasserfarben und klebe es um die Dose.

2 Schneide vier Streifen Malerkrepp auf die Länge deiner Röhre und klebe sie nebeneinander auf die Schneideunterlage. Markiere das obere Ende mit dem Bleistift und ziehe 1,5 cm unterhalb der Kante eine Linie. Danach machst du mit 5-mm-Schritten weiter. Bei der Papprröhre sind es 1-cm-Schritte. Der letzte Zentimeter bleibt frei.

Hinweis: Der Abstand der Linien entspricht der Höhe der Stufen. Du kannst selbst entscheiden, ob deine Treppenstufen 5 mm oder 1 cm hoch sein sollen.

3 Schneide jeden Klebestreifen in drei 1 cm breite Streifen und klebe sie im gleichmäßigen Abstand um die Röhre. Bei der Treppe mit 5-mm-Stufen verwendest du zwölf Streifen, bei der Treppe mit 1-cm-Stufen reichen 10 Streifen, sonst wird sie zu steil. Das markierte Ende befindet sich immer am gleichen Ende der Röhre.

4 Schneide am ersten Streifen einen Schlitz in den ersten Strich, gehe einen Streifen weiter und schneide ihn am zweiten Strich ein, den dritten Streifen am dritten Strich und so weiter bis zum letzten Strich. Dann suchst du den Streifen, der deinem ersten Streifen gegenüberliegt, und wiederholst das Einschneiden.

5 Entferne die Klebestreifen. Weite die Schlitze etwas und stecke die Eisstäbchen ein – immer von einem Schlitz zum gegenüberliegenden. Danach kannst du die Kanten der Flasche mit Papierklebeband umkleben und die Enden der Eisstäbchen bunt anmalen.

2

3+4

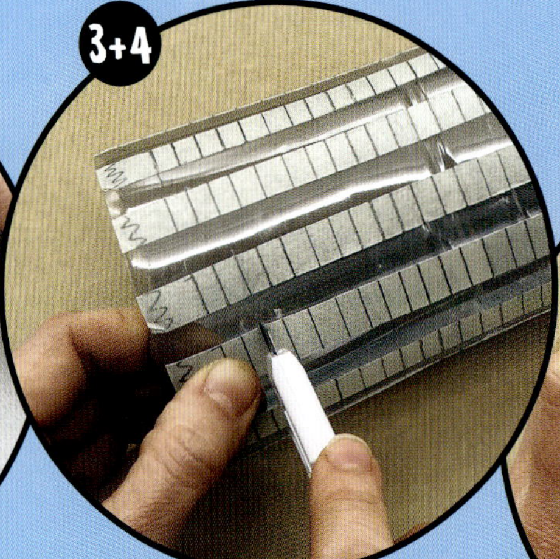

5

EIGENSCHAFTEN

- kann leicht mit anderen Bahnen kombiniert werden
- macht ein schönes Geräusch

Looping-Bahn

bringt Schwung ins Murmelspiel

DU BRAUCHST

- Pappkarton, 65 cm x 65 cm
- Papier in Neongelb, A4
- 2 Polyethylen-Rohrisolierungen, 15–13 mm, 1 m
- dünnes Brett, 16 cm x 100 cm
- Buntstift in Gelb oder Neongelb
- Klebestift
- Gewebeklebeband
- doppelseitiges Klebeband
- Schere
- Cutter mit Schneideunterlage
- ggf. Acrylfarbe in Grau und Pinsel

VORLAGEN S. 67

1 Schneide mithilfe der Bauzeichnung (siehe Vorlagen) die Pappteile für den Startturm zu und klebe sie mit dem Gewebeband zusammen. Wenn du magst, kannst du den Turm danach grau anstreichen.

2 Halbiere die Rohrisolierungen der Länge nach mit dem Messer, sodass du vier halbrunde Rinnen hast. Dann klebst du immer zwei Rinnen mit dem Gewebeband aneinander. Achte darauf, dass das Gewebeband in der Rinne der Murmelbahn glatt anliegt, sonst werden die Murmeln gebremst.

3 Klebe den Startturm mit dem Gewebeband ganz am Ende auf das Brett. Dann bringst du die Rinnen an. Klebe die Enden mit doppelseitigem Klebeband und Gewebeband nebeneinander an die vordere Kante des Turms. Das Gewebeband liegt wieder sauber in der Rinne an.

4 Mach 37 cm vom Turm entfernt eine Markierung auf das Brett. Lege eine Schlaufe in die erste Bahn und klebe dann das lose Ende mit doppelseitigem Klebeband und Gewebeband an das untere Ende des Brettes. Klebe die Schlaufe an der Markierung fest. In die zweite Bahn legst du zwei Schlaufen, die du bei 37 cm und 58 cm aufklebst.

5 Verziere die Bahn mit den Papieren. Schneide 1 cm breite und 5 cm lange Streifen zu und setzt sie zu großen Pfeilen zusammen. Für die kleinen Pfeile und die Banner findest du auf Seite 64 eine Vorlage. Schneide aus den Pappresten zwei 4 cm x 16 cm große Stücke aus. Male die Banner gelb an, klebe sie auf die Pappstücke und klebe diese mit Klebeband an die Bahn.

3

4

2

EIGENSCHAFTEN

- Doppelbahn für schnelle Murmelrennen
- kann leicht mit anderen Bahnen kombiniert werden

Röhren

lassen viel Raum zum Spielen

DU BRAUCHST

- fester Pappkarton, 50 cm x 70 cm
- Pappkartonrest
- 15–20 Pappröhren, z. B. Klo-, Küchen- oder Geschenkpapierollen
- Papier in verschiedenen Farben, A4
- Tonkartonreste in verschiedenen Farben
- Papierklebeband in verschiedenen Farben
- doppelseitiges Klebeband, extrastark
- UHU Alleskleber
- Kleister
- Pinsel
- Bleistift
- Schere

FÜR DIE EXTRAS

- Flaschendeckel aus Kunststoff
- Glöckchen
- Wackelauge, ø 1,5 cm
- leerer Joghurtbecher
- Luftballon
- Wollfaden
- Pappbecher, 4 cl
- Musterbeutelklammer
- Filzstifte

VORLAGEN S. 69-70

1 Schneide das Papier grob zu, bestreiche es auf der Rückseite mit Kleister und klebe es um die Röhren. Nach dem Trocknen schneidest du das überstehende Papier sauber am Rand ab.

2 Überlege, wie die Murmeln hin und her rollen sollen, und lege die Pappröhren entsprechend auf dem Pappkarton aus. Gestalte die einzelnen Teile. Schneide sie der Länge nach auf, sodass Rinnen entstehen. Klebe Muster auf oder schneide Öffnungen hinein. Dann bringst du die Röhren nacheinander mit doppelseitigem Klebeband auf dem Pappkarton an. Achte darauf, dass die Murmeln ungehindert von Röhre zu Röhre rollen können.

3 Für den Trichter schneidest du die Vorlage aus Tonkarton aus. Klebe den Trichter zusammen, schneide die Klebelaschen ein und klebe ihn dann von innen an eine Pappröhre.

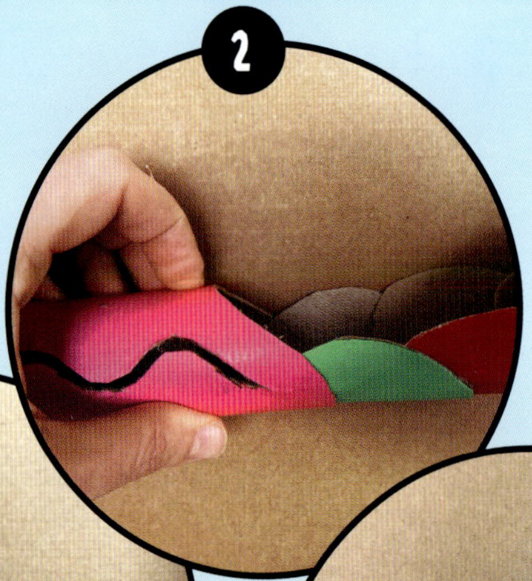

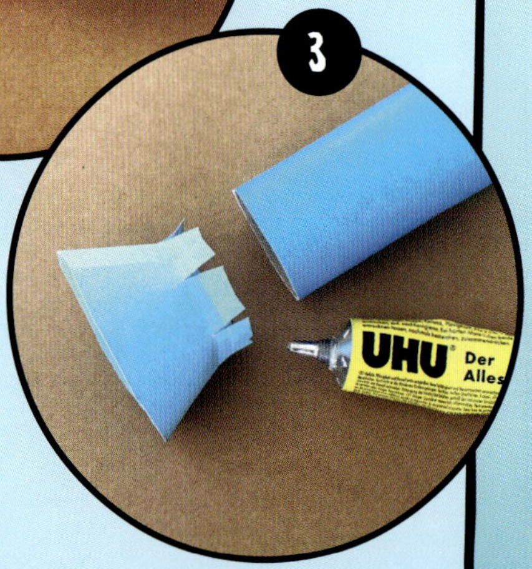

4 Wenn du zwei Röhren über Eck verbinden willst, drückst du die beiden Röhren flach und schneidest sie in einer leichten S-Linie schräg ab. Danach rundest du die Röhren wieder. Schneide die Schnittkante einer Röhre in etwa 1,5 cm tiefe Streifen. Falte die Streifen wie abgebildet um und klebe dann beide Röhren zusammen. Gut andrücken, bis der Klebstoff fest ist.

5 Wenn du ein U-Boot gestalten möchtest, schneidest du zwei runde Löcher in die Röhre und klebst oben einen Flaschendeckel auf. Für das Rohr rollst du ein Papierstück auf und knickst es in der Mitte. Schneide das Dach des Turms mithilfe der Vorlage aus dem Tonkarton zu, klebe es zusammen und bringe es auf einer Röhre an. Klebe kleine Rechtecke als Fenster auf. Schneide unten rechts und links ein 3 cm x 3 cm großes Rechteck heraus und klebe eine halbierte Röhre als Rinne ein.

6 Für das Chamäleon schneidest du eine lange Röhre am hinteren Ende schräg ab und klebst als Verlängerung noch eine flache Rinne an. Den Kopf bildet eine kurze Röhre, aus der für den Mund eine Zacke geschnitten wurde. Schneide zwei Füße und die Zunge aus Tonkarton aus und klebe sie zusammen mit dem Wackelauge auf. Wenn du das Chamäleon auf dem Karton anbringst, drehst du die Zunge etwas ein und klebst nur die Spitze auf.

7 Baue Spezialeffekte in deine Bahn ein, zum Beispiel eine Zickzackbahn. Schneide mithilfe der Vorlage drei Steckscheiben aus Tonkarton aus. Drücke eine Röhre flach und schneide sie mithilfe der Vorlage zu. Dann rundest du sie wieder und schiebst die Steckscheiben in die Schlitze. Damit sich die Röhre gut aufkleben lässt, bringst du auf der Rückseite kleine Pappkartonstücke als Abstandhalter an.

8 Auch ein Trampolin ist eine tolle Idee. Verziere einen leeren Joghurtbecher mit Papierresten. Schneide dann das Mundstück eines Luftballons ab und spanne den Ballon über die Öffnung des Joghurtbechers. Bringe unten auf der Rückseite ein Pappkartonstück als Abstandhalter an, um die Schräge der Becherwand beim Aufkleben auszugleichen. Das Trampolin muss waagerecht sein, damit die Murmeln richtig springen.

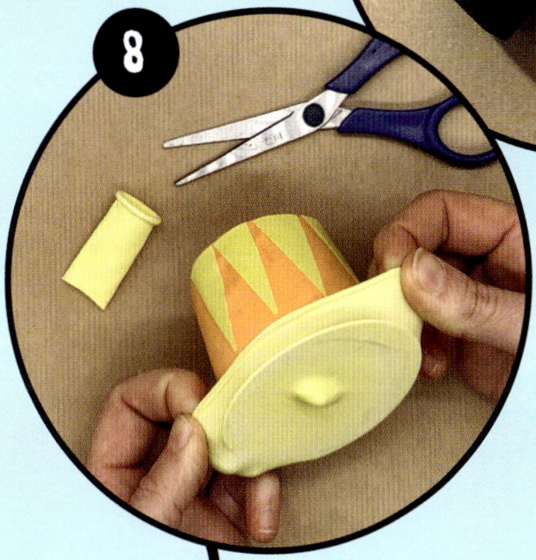

Auf der nächsten Seite geht es weiter.

TIPP

Bringe am Ende der Bahn eine senkrechte Röhre an, die du unten mit Pappe verschlossen hast. Darin werden die Murmeln gesammelt.

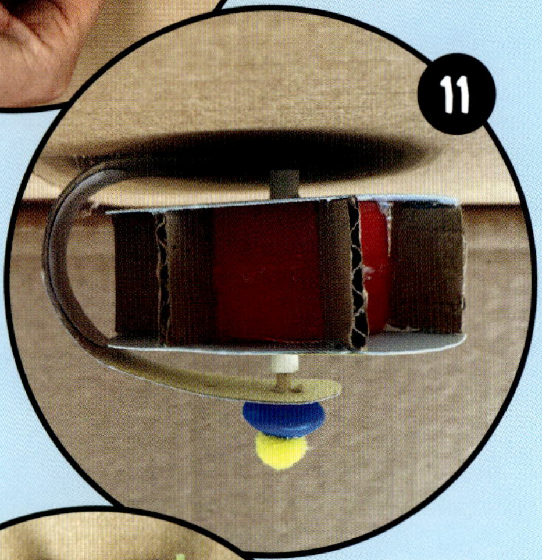

9 Du kannst auch ein Glöckchen aufhängen. Fädle es auf einen Wollfaden und klebe es von unten an eine Röhre, sodass es mittig auf der Bahn darunter hängt. Passe die Länge des Fadens an, sodass die Murmel die Glocke im Vorbeirollen berührt und zum Klingen bringt.

10 Als sportliches Element kannst du einen Basketballkorb bauen. Schneide mithilfe der Vorlage die Rückwand aus Pappkarton zu und beklebe sie mit weißem Papier. Male mit Filzstiften das Muster auf und bringe den Pappbecher mit der Musterbeutelklammer an. Klebe kleine Pappkartonstücke als Abstandhalter auf die Rückseite und hänge den Korb so auf, dass die Murmeln durch den Korb fallen.

11 Die Materialangabe und die Anleitung für die Drehelemente findest du auf Seite 54 (Mühlrad). Die gelb-blaue Drehscheibe bringst du mit einem 2 cm breiten Papprröhrenring an. Schneide den Ring auf und forme ein U. Wenn du magst, kannst du es im Innern mit einem Kartonstreifen verstärken. Runde die Ecken und mach in jedes Ende ein kleines Loch. Stecke das Schaschlikstäbchen der Drehscheibe durch die Löcher und fädle dabei die Drehscheibe mit auf. Dann klebst du die Aufhängung auf den Pappkarton. Drücke das Schaschlikstäbchen fest in den Karton, damit es Halt hat.

12 Für das grün-rote Zahnrad schneidest du oben eine Öffnung in eine Röhre. Die Öffnung muss breit genug sein, damit das Zahnrad hineinpasst. In der Mitte lässt du einen 2 cm breiten Streifen für die Aufhängung stehen. Teile den Streifen in der Mitte und biege beide Hälften gerade nach oben. Mach jeweils ein Loch hinein und bringe dann wie bei der Drehscheibe das Zahnrad an.

EIGENSCHAFTEN

- kann leicht mit anderen Bahnen verbunden werden
- kann beliebig erweitert werden
- für den Einbau von Spezialeffekten geeignet

Turbo-Röhrenbahn

Auf die Plätze, fertig, los!

EIGENSCHAFTEN

- lässt die Murmeln aufwärts flitzen
- kann mit Röhren oder Rinnen mit anderen Bahnen verbunden werden
- ideal als Startpunkt

DU BRAUCHST

- Leimholzplatte, 12 mm stark, 15 cm x 60 cm
- Wellpappe in Kraftpapier-optik, 15 cm x 15 cm und 10 cm x 50 cm
- Pappkarton, 16 cm x 16 cm
- dünne Graupappe, 17 cm x 17 cm
- 2 Versandrollen, innen ø 8 cm, 75 cm lang
- kleine Schachtel, ca. 3 cm x 3 cm x 10 cm
- Ablaufschlauch für Waschmaschinen, ø 2,2 cm, 4 m lang
- PVC-Schlauch in Transparent, innen ø 2,5 cm, 1,25 m lang
- Rundholzstab, ø 1,3 cm, 17 cm lang
- 2 Nägel, 2 mm x 4 cm
- Schaschlikstäbchen
- 13 Kabelbinder
- Haushaltsgummis
- Heißklebepistole
- UHU Alleskleber
- Akkubohrer, ø 3 mm und 8 mm
- Raspel, halbrund
- Hammer
- kleine Bügelsäge
- Handsäge
- Cutter mit Schneideunterlage
- Schere
- Meterstab

VORLAGEN S. 72

1 Beginne mit der Abschussvorrichtung. Bestreiche das Wellpappequadrat etwa zur Hälfte mit Alleskleber und rolle es zu einer Röhre, die etwas größer ist als der Rundholzstab und deine Murmeln. Der Stab und die Murmeln müssen locker durch die Röhre passen. Gut trocknen lassen.

2 Mach mit dem dünnen Bohrer 2 cm vom oberen Ende entfernt ein Loch durch den Rundholzstab und stecke ein 4 cm langes Schaschlikstäbchen durch. Schneide einen 2 cm x 25 cm großen Wellpappestreifen zu und klebe ihn um das 2 cm breite Ende.

3 Schneide in die Röhre noch ein Loch, damit die Murmeln später von oben hineinfallen können. Das Loch ist 5 cm vom hinteren Ende der Röhre entfernt und misst 2 cm x 2 cm. Teste, ob deine Murmeln locker hindurchpassen. Ansonsten schneidest du die Öffnung noch einmal nach.

4 Befestige die Abschussvorrichtung mit der Heißklebepistole mittig an einer der Schmalseiten der Leimholzplatte. Der Griff (hinteres Ende) steht über die Kante heraus. Das Loch der Röhre zeigt nach oben. Am vorderen Ende schlägst du rechts und links einen Nagel senkrecht ein. Auf jeder Seite werden zwei Gummiringe zwischen Nagel und Schaschlikstäbchen eingehängt. Am besten, du testest verschiedene Längen. Der Rundholzstab muss sich bis hinter die Murmel-Öffnung zurückziehen lassen und die Gummiringe müssen dabei ordentlich Spannung haben.

Auf der nächsten Seite geht es weiter.

5

6

7

8

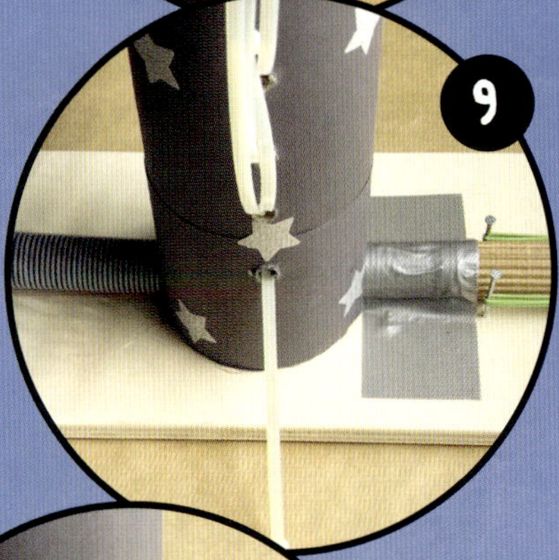
9

10

5 Kürze die Papproöhren mit der Handsäge auf 70 cm und 65 cm Länge und gestalte sie mit Farbe, Papier oder Stickern, wie es dir gefällt. Dann sägst du in die untere Kante der Röhren 2,5 cm große, halbrunde Ausschnitte. Arbeite die Kanten sauber mit der Raspel nach. Die kleinere Röhre benötigt zwei gegenüberliegende Ausschnitte, die größere Röhre bekommt nur einen. Durch diese Ausschnitte wird später der Schlauch der Abschussvorrichtung geführt.

6 Danach machst du am oberen Ende der langen Röhre ein Loch, das dem Ausschnitt am unteren Ende genau gegenüberliegt. Bohre an der gewünschten Stelle ein paar Mal durch die Pappe und weite das Loch mit der Raspel, bis es einen Durchmesser von mindestens 2,5 cm hat.

7 Überlege, wie du die Bahn weiterausgestalten willst, und fertige eine Skizze an. Oder du verwendest die Vorlage von Seite 72. Hier siehst du, wo du welche Löcher in die Röhren machen musst. Es gibt 2,5 cm große Löcher und 8 mm große Löcher. Bohre die Löcher in die Röhren. Danach ziehst du die Kabelbinder durch die 8-mm-Löcher. Fädle sie immer von außen nach innen und ein Loch weiter wieder zurück nach außen.

8 Baue nun mithilfe der Anleitung von Seite 62 den Kreiselteller. Klebe einen 15 cm langen Ablaufschlauch unten in die Öffnung. Das andere Ende des Schlauches führst du seitlich durch das obere Loch in der kleineren Papproöhre. Danach klebst du den Teller oben auf die Öffnung der Röhre.

9 Verbinde die Abschussvorrichtung mit einem 110 cm langen Ablaufschlauch. Achte darauf, dass die Murmeln ungehindert durch die Verbindungsstelle rollen können. Verwende das Gewebeband und die Heißklebepistole. Dann klebst du die kleinere Röhre über dem Schlauch auf die Holzplatte. Der Schlauch wird dabei durch die Ausschnitte am unteren Ende der Röhre geführt.

10 Führe das lose Ende des Ablaufschlauches von unten nach oben durch die lange Röhre und oben durch das seitliche Bohrloch. Dann klebst du die lange Röhre ebenso auf die Holzplatte. Achte darauf, dass sie wirklich fest auf der Holzplatte sitzt. Der Abstand zwischen den beiden Röhren beträgt 22 cm.

11 Bringe nun die übrigen grauen Schläuche an. An der langen Röhre nimmst du oben ein 30 cm langes Stück und unten ein 75 cm langes Stück. An der kürzeren Röhre nimmst du unten ein 140 cm langes Stück. Ziehe die Kabelbinder jeweils um den Schlauch oder das Rohr fest und schneide die langen Enden ab. Achte darauf, dass die Schläuche in einer schönen Spirale laufen und nirgendwo durchhängen.

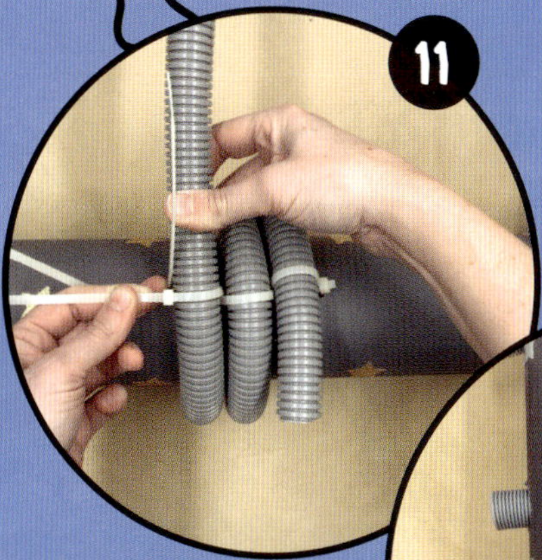

12 Oben an der kürzeren Röhre führst du einen 45 cm langen Ablaufschlauch durch die Löcher und legst dabei einen schönen Bogen. Du kannst den Schlauch dazu in den U-Bogen spannen, der im Set mit den Ablaufschläuchen verkauft wird.

13 Am Ende der Bahn führst du den Schlauch in die kleine Schachtel. Schneide dazu den Rand der Schachtel ein und klebe den Schlauch fest. Dann klebst du die Schachtel neben der Abschussrampe auf das Brett. Damit sich die Murmeln leichter in die Abschussrampe legen lassen, bringst du rechts und links an der Öffnung ein 1 cm x 2 cm großes Wellpappestück an.

14 Zum Schluss schneidest du den transparenten Schlauch in fünf 25 cm lange Stücke. Stecke die Stücke zwischen die grauen Schläuche und überprüfe, dass die Murmeln gut durchlaufen. Lege die Schlauchstücke davor kurz in heißes Wasser, damit sie weich und gerade werden. Am Kreiselsteller schneidest du den transparenten Schlauch schräg ab. Mach eine Öffnung in den Rand des Tellers und klebe den Schlauch auf.

Hinweis:
Lege eine Murmel auf die Öffnung der Abschussvorrichtung. Halte mit einer Hand die Holzplatte und ziehe mit der anderen den Rundholzstab zurück, bis die Murmel ins Loch fällt. Dann lässt du den Stab los. Und schon saust die Murmel im Rohr nach oben und durch die Bahn.

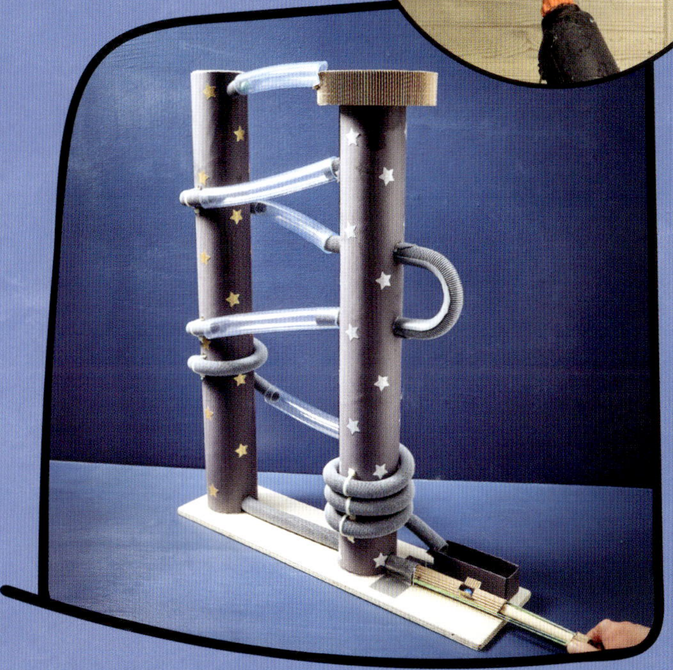

Schnelle Rennbahn

Wer macht das Rennen?

DU BRAUCHST

- 2 Pressspanbretter, ca. 7 mm stark, 23 cm x 100 cm
- Pappkarton, ca. 1 m x 1 m
- dünne Pappe, A5
- 4 Papiertrinkhalme in Schwarz-Weiß gestreift, 20 cm
- 7 PET-Flaschen-Deckel, z. B. in Rot
- Acrylfarbe in Graubraun
- Acrylmarker in Weiß
- Filzstifte
- Buntstifte
- Pinsel
- Heißklebepistole
- UHU Alleskleber
- Schere
- Cutter mit Schneideunterlage
- Lineal

VORLAGEN S. 71

1 Male die beiden Bretter mit der Acrylfarbe an und lass sie trocknen. Schneide den Pappkarton in 3 cm breite Streifen. Du brauchst zusammengesetzt mindestens 4 m. Dann klebst du die Streifen mit der Heißklebepistole seitlich an den Längskanten der Bretter auf, damit die Bahnen begrenzt werden.

2 Schneide nun zwei 23 cm lange und 1,5 cm breite Pappkartonstreifen zu. Klebe sie übereinander am oberen Ende der Bahn fest, an welchem sich später die Startrampe befindet. Durch die zwei Pappkartonstreifen bekommt deine Bahn mehr Halt, wenn du sie anlehnst, und sie rutscht nicht so leicht ab.

3 Für die Startrampe schneidest du mithilfe der Vorlage die benötigten Teile aus dem Pappkarton zu. Falze das Rechteck an der gestrichelten Linie und knicke die Kante leicht nach oben. An der gegenüberliegenden Längskante klebst du den 3 cm breiten Pappstreifen von oben auf. Dann fügst du rechts und links die Seitenteile an, sodass sie mit dem Streifen bündig sind. Der Streifen neigt sich leicht nach innen.

1

2

3

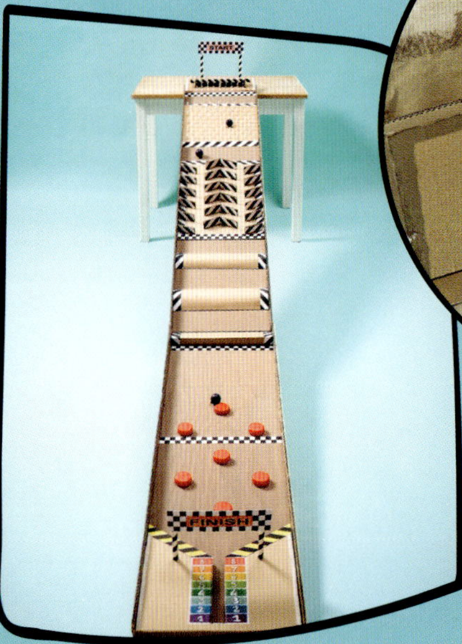

4 Schneide sieben Kartonstücke für die Abstandhalter zwischen den Startplätzen zu. Die Abstandhalter sind 3 cm lang und 5 mm breit. Miss an der Faltkante der Startrampe rechts und links 3,5 cm ab und mach einen Strich als Markierung. Dann unterteilst du die Strecke zwischen den Markierungen in 2-cm-Schritte und klebst die Abstandhalter flach mit Alleskleber auf.

5 Schneide die Pappkartonteile für die Pfosten der Schranke aus (siehe Vorlagen). Lege die Pappe an der mittleren Strichlinie doppelt und schneide den Schlitz ein. Danach faltest du die Klebeflächen nach außen und klebst die Pfosten rechts und links auf die noch freien Markierungen. Als Balken steckst du den Trinkhalm ein. Drücke ihn davor gut flach, damit er locker in die Schlitze passt und sich beim Start leicht herausnehmen lässt.

6 Nun kannst du die Startrampe mit Farbe weiter ausgestalten und zum Beispiel die Startpositionen mit weißen Linien markieren und nummerieren. Klebe hinten im Abstand von 14 cm zwei 15 cm lange Trinkhalmstücke auf und bringe das Start-Banner (Kopiervorlage auf Seite 64) dazwischen an. Davor kannst du es bunt ausmalen und zur Verstärkung auf dünne Pappe aufkleben.

7 Am unteren Ende bekommt die Bahn einen Zieleinlauf. Schneide dazu aus dem Pappkarton vier 23 cm x 23 cm große Quadrate zu. Zeichne die Vorlage für den Zieleinlauf mittig auf einem der Quadrate an und schneide die Form aus. Klebe das Quadrat dann auf das nächste und schneide die Form nach. Wiederhole den Schritt mit dem dritten und dem vierten Quadrat. Jetzt ist die Grundform des Zieleinlaufes fertig.

8 Verziere den Zieleinlauf. Mach eine Fotokopie der gestreiften Balken von Seite 65, male sie farbig an und klebe sie an den schrägen Kanten entlang auf. Übertrage am geraden Einschnitt rechts und links die Markierungen und male mit den Filzstiften bunte Streifen auf. Danach kannst du mit dem Marker Zahlen auf die Felder schreiben und Linien aufmalen.

4

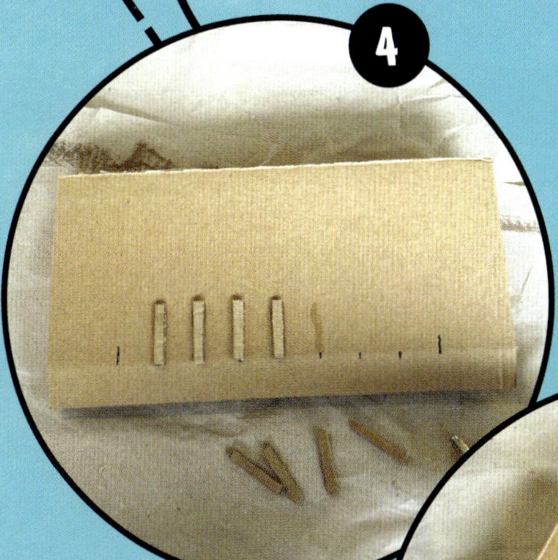

5

6

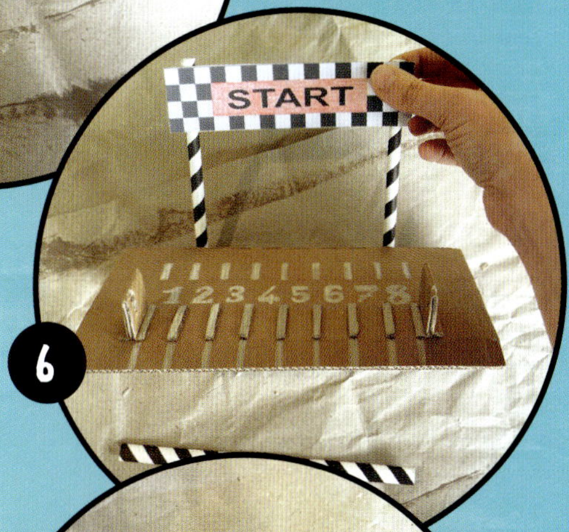

7

8

Auf der nächsten Seite geht es weiter.

9 Mach oben am geraden Schlitz rechts und links mit der Spitze der Schere ein Loch in den Karton und klebe jeweils einen halben Trinkhalm als Mast ein. Male das Finish-Banner (Kopiervorlage auf Seite 64) farbig an, klebe es zur Verstärkung auf ein Stück Pappe und klebe es an die Masten.

10 Nimm den fertigen Zieleinlauf und setze ihn am unteren Ende der Bahn ein, sodass er bündig mit der Holzkante ist. Durch die seitliche Begrenzung sollte er festgehalten werden. Wenn du magst, kannst du ihn zusätzlich mit der Heißklebepistole fixieren und an der Schmalkante noch einen Pappstreifen (3 cm x 23 cm) aufkleben. Damit ist der Grundaufbau der Bahn fertig.

11 Damit die Bahn spannender wird, kannst du nun Spezialeffekte einbauen. Supergeeignet sind zum Beispiel ein Labyrinth oder Zickzackbahnen (siehe Seite 52). Auch Bodenwellen oder kleine Schanzen bringen Action ins Spiel (siehe Seite 56). Im Auslauf der Bahn kannst du die Flaschendeckel als Hindernisse aufkleben.

12 Abschließend kannst du die Bahnen und Elemente noch weiter mit dem weißen Marker verzieren oder mit Elementen von Seite 65 bekleben. Lehne das obere Teil der Bahn an einen niederen Hocker oder an eine Bettkante. Füge das untere Teil der Bahn an und lege bei Bedarf ein paar Bücher als Erhöhung unter. Dann legst du die Murmeln in die Startpositionen. Auf drei hebst du rechts und links die Schranke an – und schon sausen die Murmeln um die Wette zum Ziel.

EIGENSCHAFTEN

- kann leicht mit anderen Bahnen kombiniert werden
- sehr gut geeignet für den Einbau von Spezialeffekten
- Wettrennen

Kurven-rennbahn

Wer gewinnt den großen Preis?

DU BRAUCHST

- Pappkarton, 30 cm x 50 cm (Bodenplatte) und ca. 50 cm x 50 cm
- 3 Chipsdosen, ca. 22 cm hoch
- Wellpappe, A3
- Graupappe, A4
- 3 Papiertrinkhalme in Schwarz-Weiß gestreift, 20 cm lang
- Packpapier
- Krepppapier in verschiedenen Farben
- Acrylmarker in Weiß und Rot
- Filzstift in Schwarz
- Bleistift
- UHU Alleskleber
- Kleister oder Sprühkleber
- Heißklebepistole
- Cutter mit Schneideunterlage
- Schere
- Metalllineal

VORLAGEN S. 68–69

1 Schneide die einzelnen Teile für die Startrampe aus Pappkarton zu (siehe Vorlagen) und knicke das Rechteck an der gestrichelten Linie leicht nach unten. Danach klebst du das Rechteck auf den Markierungen zwischen die Seitenteile und bringst die Rückwand bündig an.

2 Klebe ein 4 cm x 1 cm großes Pappstück flach als Trennstreifen zwischen den Startpositionen auf. Schneide für die Schranke zwei Pfosten zu (siehe Vorlage) und klebe sie rechts und links auf. Drücke einen 10 cm langen Trinkhalm flach und stecke ihn als Balken in die Schlitze der Pfosten.

3 Baue mithilfe der Anleitung von Seite 62 zwei Kreiselteller. Schneide einen 7 cm x 40 cm großen Pappkartonstreifen aus und schneide mithilfe der Vorlage ein Ende als Zulauf zu. Dann schneidest du eine 6,5 cm große Öffnung aus dem Rand eines Kreiseltellers und klebst den Zulauf auf. Verbinde den Kreiselteller und den Zulauf zusätzlich mit 2 cm breiten und etwa 10 cm langen Wellpappestreifen, die du am Rand aufklebst.

4 Schneide aus Pappkarton mithilfe der Vorlage das Teil „Übergang 1“ zu und knicke es an der Strichlinie leicht nach oben. Klebe einen 2 cm breiten Wellpappestreifen als Rand auf. Nur die 7 cm breite gerade Kante bleibt offen. Am Knick schneidest du den Rand ein und klebst ihn leicht überlappend aufeinander.

5 Beklebe die Pappdosen mit dem Packpapier. Dann schneidest du in eine Dose 2 cm unterhalb des Randes eine 5 cm breite und 3 cm hohe Öffnung. Stecke den fertigen Übergang 1 ein und klebe ihn so auf, dass das obere Stück in der Dose schräg ist. Das untere Stück, das aus der Dose herausragt, ist waagerecht.

6 Als nächstes schneidest du drei weitere 7 cm breite und 40 cm lange Pappkartonstreifen und die Kurve (siehe Vorlagen) zu. Schneide einen der Pappkartonstreifen wieder als Zulauf zu und bringe ihn wie zuvor beschrieben am zweiten Kreiselteller an.

7 Schneide dann aus Pappkarton das Teil „Übergang 2“ zu. Falte es wieder an der Strichlinie und klebe wie zuvor einen Wellpappestreifen als Rand auf. Nimm eine Chipsdose und schneide ein 10 cm hohes Stück ab. Schneide eine 5 cm breite und 4 cm hohe Öffnung in den Rand und klebe den fertigen Übergang bündig ein. Das obere Ende in der Dose ist wieder schräg, das untere Ende ist waagerecht.

8 Bringe die restlichen Dosen auf die richtige Höhe. Für die Start-Säule klebst du oben an eine Chipsdose ein 10 cm hohes Stück, dass die Säule insgesamt 32 cm hoch ist. An der Säule mit Übergang 1 klebst du unten ein 5 cm hohes Stück, sodass sie insgesamt 27 cm hoch ist. Für das Ende der Murmelbahn schneidest du einen 3 cm hohen Ring zu.

Auf der nächsten Seite geht es weiter.

9 Baue die Bahn auf. Vorne links steht der 3 cm hohe Ring auf der Bodenplatte, je 2 cm vom Rand entfernt. Vorne rechts steht die 10 cm hohe Dose, 4 cm von der vorderen und 2 cm von der seitlichen Kante entfernt. Drehe sie so, dass die gerade Kante des Übergangs nach links zeigt. Hinten links steht die 32 cm hohe Dose, jeweils 7 cm von den Kanten entfernt. Hinten rechts stellst du die 27 cm hohe Dose auf, jeweils 2 cm vom Rand entfernt. Klebe einen der 7 cm Pappkartonstreifen von unten an den Übergang der Dose und drehe sie dann so, dass der Streifen hinten an die 32 cm hohe Dose stößt. Die Dosen aufkleben.

10 Bringe die Kurve an der 32 cm hohen Dose an. Lass sie hinten auf 19 cm Höhe beginnen und vorn auf 16 cm Höhe enden. Knicke die Kurve etwas, sodass Anfang und Ende waagerecht nach außen stehen. Schneide dann den Pappkartonstreifen, der von der 27 cm hohen Dose kommt, auf die passende Länge und klebe ihn von oben an den Anfang der Kurve.

11 Als nächstes klebst du die beiden Kreiselteller mittig auf. Die vordere Dose wird dabei über den Pappstreifen mit dem Ende der Kurve verbunden. Schneide den Streifen auf die passende Länge und klebe ihn von unten auf. Die hintere Dose wird über den Pappstreifen mit der Dose hinten links verbunden. Klebe die Startrampe auf die Dose, kürze den Streifen auf die passende Länge und klebe ihn von unten an.

12 Klebe den übrigen Pappkartonstreifen von unten an den Übergang der Dose vorne rechts und lass ihn zum Ring am Ende der Bahn auslaufen. Schneide ihn auf die passende Länge und klebe ihn an den Ring. Schneide die Wellpappe in 2 cm breite Streifen und klebe sie an den Kanten der Bahn auf.

13 Bei Bedarf kannst du die Wellpappestreifen mit der Schere einschneiden und leicht überlappend aufeinanderkleben. Besonders an den Übergängen von verschiedenen Elementen kann dies helfen, Spannungen zu vermeiden.

14 Nun ist die Grundbahn fertig. Gestalte die Bahn mit Farbe, bunten Krepppapierstreifen oder dekorativen Elementen. Auf Seite 64 und 65 findest du Kopiervorlagen für Schachbrettmuster, Schrägstreifen und Pfeile. Und natürlich kannst du noch jede Menge Spezialeffekte einbauen. Auf dem Foto siehst du ein Xylophon (Anleitung auf Seite 58), eine Weiche (Anleitung auf Seite 60), Bodenwellen (Anleitung auf Seite 56) und eine kleine Zickzackbahn (Anleitung auf Seite 52).

9

10

11

12

13

EIGENSCHAFTEN

- in sich geschlossene Bahn
- kann über Röhren oder Rinnen mit anderen Bahnen verbunden werden
- sehr gut für den Einbau von Spezialeffekten geeignet
- Wettrennen

GO!

TIPP
Klebe die Bahn zur Verstärkung auf eine 30 cm x 50 cm große Sperrholzplatte.

GO!
GO!

Spezialeffekte

Hindernislauf

Lass die Murmeln im Zickzack rennen!

EIGENSCHAFTEN

- bremst das Tempo der Kugeln und verlängert die Zeit, die die Murmeln brauchen, um durch die Bahn zu rollen
- lässt sich in viele Bahnen einbauen
- hoher Spaßfaktor

TIPP

Du kannst das Labyrinth auch auf einem separaten Pappkartonstück bauen und dann auf deine Bahn kleben. Drücke die obere Kante flach, damit die Murmeln nicht gestoppt werden. Oder klebe einen Papierstreifen als Verbindung über die Kante.

TIPP

Passe die Breite der Pappkartonstücke an die Breite deiner Bahn an. Berücksichtige außerdem, wie schräg du die Pappkartonstücke aufkleben willst. Auch das beeinflusst die benötigte Breite.

DU BRAUCHST

LABYRINTH

- 10-15 Schaschlikstäbchen oder Lollistiele
- UHU Alleskleber oder Heißklebepistole
- Schere
- Lineal
- Bleistift
- ggf. Akkubohrer

ZICKZACKBAHN

- Pappkarton, A5
- Papier in verschiedenen Farben oder Mustern
- UHU Alleskleber oder Heißklebepistole
- Klebestift
- Lineal
- Bleistift
- Schere

Labyrinth

1 Zeichne die Position der Stäbchen an. Beginne mit der obersten Reihe und setze im Abstand von 2,5 cm die Markierungen. Rechts und links lässt du einen 2 cm breiten Streifen frei, damit die Murmeln nicht zwischen den Stäben und dem Rand hängen bleiben können. Die nächste Reihe ist um einen halben Abstand (1,25 cm) versetzt. Der Abstand zwischen den Reihen beträgt 2,5 cm.

2 Wenn du eine Pappbahn hast, kannst du die Löcher einfach vorstechen. Bei einer Holzbahn bohrst du die Löcher mit einem dünnen Bohrer (ca. ø 3 mm) in das Brett. Schneide die Schaschlikstäbchen oder die Lollistiele in 2,5 cm lange Stücke und klebe sie in die Löcher. Achte darauf, dass sie möglichst senkrecht sind.

Zickzackbahn

1 Schneide den Pappkarton in 2 cm x 5 cm große Stücke. Diese Größe ist bei einer Bahnbreite von 7-9 cm sehr gut geeignet. Beklebe die Pappkartonstücke nach Wunsch mit den bunten Papieren oder mach eine Kopie von Seite 65 und verziere die Pappkartonstücke mit einem Streifen- oder Schachbrettmuster.

2 Markiere die Mitte der Zickzackbahn und setzte auf der Mittellinie im Abstand von 2,5 cm kleine Markierungen. Der Abstand ist wichtig, damit später die Murmeln durch die Hindernisse rollen, ohne stecken zu bleiben.

3 Klebe die Pappkartonstücke an den Markierungen auf. Sie verlaufen von der Markierung aus schräg nach oben zum Rand. Du kannst selbst entscheiden, wie schräg du sie aufklebst. Je steiler sie sind, desto schneller kullern die Murmeln durch die Hindernisse. Je flacher sie sind, desto stärker werden die Murmeln gebremst.

Mühlrad & Co.

hier dreht sich alles im Kreis

EIGENSCHAFTEN

- bringt Farbe und Abwechslung in die Bahn
- erhöht den Spaßfaktor
- lässt sich in viele Bahnen einbauen

DU BRAUCHST

- 2 Flaschendeckel aus Kunststoff, z. B. von Getränkekartons
- Papiertrinkhalm, 20 cm lang
- Schaschlikstäbchen
- Mini-Pompon
- ggf. flache Holzperle
- Tonkartonreste
- Pappkarton- oder Graupappereste
- Klebestift
- Heißklebepistole
- Schere
- Bleistift

VORLAGEN S. 67

1 Stich mit der Spitze der Schere in die beiden Flaschendeckel mittig ein Loch und weite es, sodass der Trinkhalm durchpasst. Klebe die beiden Deckel aufeinander. Stecke sie auf den Trinkhalm und klebe sie etwa in der Mitte des Halmes fest.

2 Schneide sechs 2 cm x 2 cm große Quadrate aus Pappkarton, Graupappe oder Tonkarton zu und klebe sie gleichmäßig verteilt um die Flaschendeckel. Die Vorlage hilft dir dabei. Jetzt ist das Grundgerüst fertig.

3 Schneide mithilfe der Vorlage die Motivteile für dein Drehelement zu. Beim Zahnrad und bei der Drehscheibe klebst du die einzelnen Teile aufeinander. Mach in der Mitte ein Loch und klebe den Kreis auf das Grundgerüst. Wenn du möchtest, kannst du auf der Rückseite ebenso einen Kreis anbringen.

4 Kürze den Trinkhalm auf die passende Länge. Er sollte etwas kürzer sein, als die Bahn bzw. die geplante Befestigung breit ist. Beim Mühlrad von Seite 28 schneidest du den Trinkhalm auf beiden Seiten knapp ab. Bei den Röhren von Seite 34 kürzt du die Enden auf 1 cm Länge.

5 Zum Anbringen der Drehelemente brauchst du ein Schaschlikstäbchen. Es muss so lang sein, dass es durch das Drehelement und die geplante Befestigung passt und noch etwas Luft hat. Bei der Mühle entspricht dies ca. 10 cm (2,5 cm für das Rad + 7,5 cm für den Getränkekarton). Bei der Röhrenbahn sollte das Stäbchen 5,5 cm lang sein (4,5 cm für die Breite der Pappröhren + 1 cm für die Rückwand). Klebe einen Pompon bzw. den braunen Tonkartonkreis an ein Ende des Stäbchens und stecke es dann durch die Löcher der Befestigung und durch das Drehelement. Mach dazu bei der Mühle auf der Vorder- und Rückseite mittig ein kleines Loch und klebe den Mini-Pompon auf, damit das Stäbchen nicht herausrutschen kann. Bei der Röhrenbahn drückst du das Stäbchen in die Rückwand der Bahn und klebst es dort fest.

Wellen & Schanzen

da geht's auf und ab

TIPP

Wenn du längere Streifen zuschneidest, kannst du auch eine drei- oder vierfache Bodenwelle anfertigen. Denk daran, dass die Murmeln ziemlich viel Schwung brauchen.

EIGENSCHAFTEN

- erhöhen den Spaßfaktor
- lassen sich in alle ebenen Bahnen einbauen
- die Murmeln brauchen Tempo, um die Wellen zu überwinden und über die Schanze zu springen

DU BRAUCHST

- Pappkartonreste
- Wellappereste
- Schreibpapier, A4
- UHU Alleskleber oder Heißklebepistole
- Bleistift
- Schere
- Lineal

VORLAGEN S. 67

Einfache Bodenwelle

Schneide mithilfe der Vorlage zwei Bögen aus dem Pappkarton aus. Schneide die Wellpappe auf die Breite deiner Bahn. Für die kleine Welle benötigst du ein 6 cm langes Stück, für die größere Welle ein 8 cm langes Stück. Klebe die Wellpappe mit der gewellten Seite nach unten um die beiden Pappkartonbögen. Die fertige Welle kannst du auf deine Bahn kleben.

Schanze

Schneide mithilfe der Vorlage zwei Dreiecke aus dem Pappkarton aus. Zusätzlich brauchst du ein 8,5 cm langes Wellpappestück. Schneide die Wellpappe auf die Breite deiner Bahn zu und klebe sie dann um die kurze und die lange Kante der beiden Dreiecke. Die gewellte Seite zeigt nach unten. Fertig ist die Rampe. Klebe sie auf deine Bahn und achte darauf, dass die Murmeln genug Anlauf haben!

Doppelte Bodenwelle

1 Schneide die Wellpappe und das Schreibpapier auf die Breite deiner Bahn zu. Die Länge des Schreibpapiers sollte mindestens 13 cm betragen. Die Wellpappe sollte etwa 2 cm länger sein. Klebe dann die Wellpappe bündig auf die Kanten des Schreibpapiers, sodass ein Bogen entsteht. Die gewellte Seite zeigt nach unten.

2 Bestreiche das Papier in der Mitte mit etwas Klebstoff und drücke die Wellpappe in die Klebefläche, sodass zwei Bögen entstehen. Gut andrücken, bis der Klebstoff fest ist. Die fertige Doppelwelle kannst du mit Klebstoff auf der Bahn anbringen. Damit die Murmeln nicht seitlich aus der Bahn rollen, kannst du den Rand bei Bedarf erhöhen.

Klangspiel

verleiht deiner Bahn
einen schönen Sound

EIGENSCHAFTEN

- macht schöne Töne, wenn die Murmeln darüber rollen
- gut kombinierbar mit verschiedenen Bahnen

DU BRAUCHST

- Xylophon-Tonplatten aus Metall
- Pappkarton, A5
- Nägel, 1,2 mm x 2 cm oder Zahnstocher
- ggf. 2 Papiertrinkhalme, 20 cm lang
- Heißklebepistole
- Stift
- Lineal
- Schere

1 Lege die Tonplatten des Xylophons aneinander und schneide ein Stück Pappkarton auf die entsprechende Länge. Die Breite des Pappkartons entspricht der Breite der Bahnen deiner Murmelbahn. Hier sind es 7 cm. Lege die Tonplatten auf den Pappkarton und markiere mit dem Stift die Position der Löcher.

2 Schneide zwei 1 cm breite Pappkartonstreifen zu und klebe sie hochkant über den markierten Punkten auf. Das ist die Auflage für die Tonplatten. Lege die Platten der Reihe nach auf und befestige sie, indem du kleine Nägel oder Zahnstocherstücke durch die Löcher in die Pappstreifen steckst.

3 Für den Einbau gibt es zwei Varianten. Bei der ersten Variante wird die Pappbahn an der gewünschten Stelle mittig aufgeschnitten und die Seiten stufenförmig gefaltet. Der Abstand zwischen den Stufen entspricht der Länge des Klangspiels. Die Tiefe der Stufe entspricht der Höhe des Klangspiels.

4 Klebe das Klangspiel auf die gefalteten Bahnstücke und achte darauf, dass sich die Bahn nicht nach unten senkt. Zur Verstärkung bringst du oben zwei flachgedrückte Papiertrinkhalme am Rand an. Achte darauf, dass sie nicht die Tonplatten berühren.

5 Die zweite Einbauvariante arbeitet mit einer Rampe, um den Höhenunterschied zwischen Bahn und Tonplatten zu überbrücken. Sie eignet sich zum Beispiel für Holzbahnen sehr gut. Schneide aus Pappkarton zwei flache Dreiecke zu (etwa 1,5 cm hoch und 5 cm lang) und klebe oben ein entsprechend langes Pappkartonstück auf. Die Breite der Rampe wird von deiner Bahn bestimmt.

1

2

3

4

5

DING DING

Spurwechsel

mit automatischer Weiche

DU BRAUCHST

- Pappkarton- oder Tonkartonreste
- Papiertrinkhalm, 2,5 cm lang
- dünnes Holzstäbchen, z. B. Schaschlikstäbchen oder Dübel, 3 cm lang
- Mini-Pompon
- Heißklebepistole
- Schere
- Lineal
- ggf. Akkubohrer

VORLAGEN S. 73

1 Schneide aus dem Pappkarton oder Tonkarton drei 2 cm x 3 cm große Rechtecke zu und klebe sie mithilfe der Vorlage im gleichmäßigen Abstand um den Papiertrinkhalm.

2 Klebe das Holzstäbchen an der gewünschten Stelle auf die Bahn. Wenn die Bahn aus Pappe ist, kannst du es dabei etwas in den Pappkarton drücken. Wenn deine Bahn aus Holz ist, bohrst du am besten ein Loch mit passendem Durchmesser in die Bahn und klebst das Holzstäbchen hinein. Stecke die Weiche auf das Holzstäbchen und bringe an der Spitze den Pompon als Stopper an.

3 Die Weiche braucht einen Zulauf. Klebe dazu zwei Pappkartonstreifen als Leitplanken auf. Stelle die Weiche so ein, dass ein Pappkartonrechteck waagerecht nach rechts zeigt. Dann klebst du die erste Leitplanke parallel zum schräg nach oben zeigenden Pappkartonrechteck auf. Achte darauf, dass der Abstand zum Trinkhalm mindestens 2 cm breit ist, da sonst die Murmeln nicht durchpassen.

1

2

3

EIGENSCHAFTEN

- verteilt Murmeln auf verschiedene Bahnen
- erhöht den Spaßfaktor
- kann in verschiedene Bahnen eingebaut werden

4 Drehe die Weiche im Uhrzeigersinn, bis das linke Pappkartonrechteck waagerecht ist und klebe dann die zweite Leitplanke auf. Unterhalb der Weiche teilst du die Bahnen mit einem schmalen Pappkartonstreifen. Bei Bedarf kannst du die Pappkartonrechtecke der Weiche noch kürzen.

5 Wenn die Murmeln wie bei der Bahn aus Gummibändern (siehe Seite 25) nach der Weiche nicht nach unten, sondern schräg zur Seite rollen, müssen die Pappkartonrechtecke in einem anderen Winkel auf den Trinkhalm geklebt werden. Sie stehen dann im rechten Winkel zueinander.

5

4

Kreiselteller

lädt Murmeln zum Verweilen ein

DU BRAUCHST

- Pappkarton, ca. 20 cm x 20 cm und ggf. Reste
- Graupappe, ca. 20 cm x 20 cm
- Wellpappe, ca. 10 cm x 50 cm
- Heißklebepistole
- Zirkel
- Schere

1 Zeichne mit dem Zirkel einen Kreis mit 2 cm Durchmesser auf den Pappkarton und drumherum einen Kreis mit 15,5 cm bzw. 12,5 cm Durchmesser. Schneide den großen Kreis aus und schneide dann den kleinen Kreis in der Mitter heraus. Nun schneidest du aus der Wellpappe einen 4 cm breiten Streifen ab und klebst ihn als Rand rund um den Pappkartonkreis.

2 Zeichne auf die Graupappe einen Kreis mit 2 cm Durchmesser und drumherum einen Kreis mit 16 cm bzw. 13 cm Durchmesser. Schneide wieder beide Kreise aus. Mach einen geraden Schnitt vom Rand zur Mitte und klebe die Schnittkanten etwa 1-1,5 cm weit überlappend aufeinander.

3 Lege den Graupappering in den Pappkartonteller und richte ihn gleichmäßig aus. Bei Bedarf schneidest du dafür den Rand noch etwas zurück. Wenn alles passt, klebst du ihn unten an der Öffnung auf. Schneide von der Wellpappe einen 1,5-2 cm breiten Streifen ab und klebe ihn innen am Rand entlang auf. Fertig ist der Kreiselteller.

4 Lege den Kreiselteller auf eine Schale oder klebe ihn auf eine Röhre. Auf Seite 38 (Schritt 8 und 14) und Seite 46 findest du eine Anleitung, wie du den Kreiselteller in eine Bahn einbauen kannst. Wenn du die Murmeln anschließend durch einen Schlauch weiterrollen lassen möchtest, bringst du auf der Unterseite drei oder vier Lagen Pappkarton an, in die du mittig ein Loch mit dem Durchmesser des Schlauches schneidest. Klebe den Schlauch in der Öffnung fest.

Hinweis: Für die Bahn auf Seite 38 fertigst du einen Kreiselteller mit 15,5 cm Durchmesser, für die Bahn auf Seite 46 baust du einen Kreiselteller mit 12,5 cm Durchmesser.

1

2

EIGENSCHAFTEN

- bremst das Tempo der Kugeln und verlängert die Zeit, die die Murmeln brauchen, um durch die Bahn zu rollen
- lässt sich in viele Bahnen einbauen und kann z. B. mit der Auffangschale am Ende der Bahn kombiniert werden
- hoher Spaßfaktor

3

4

Vorlagen

Designs zum Kopieren

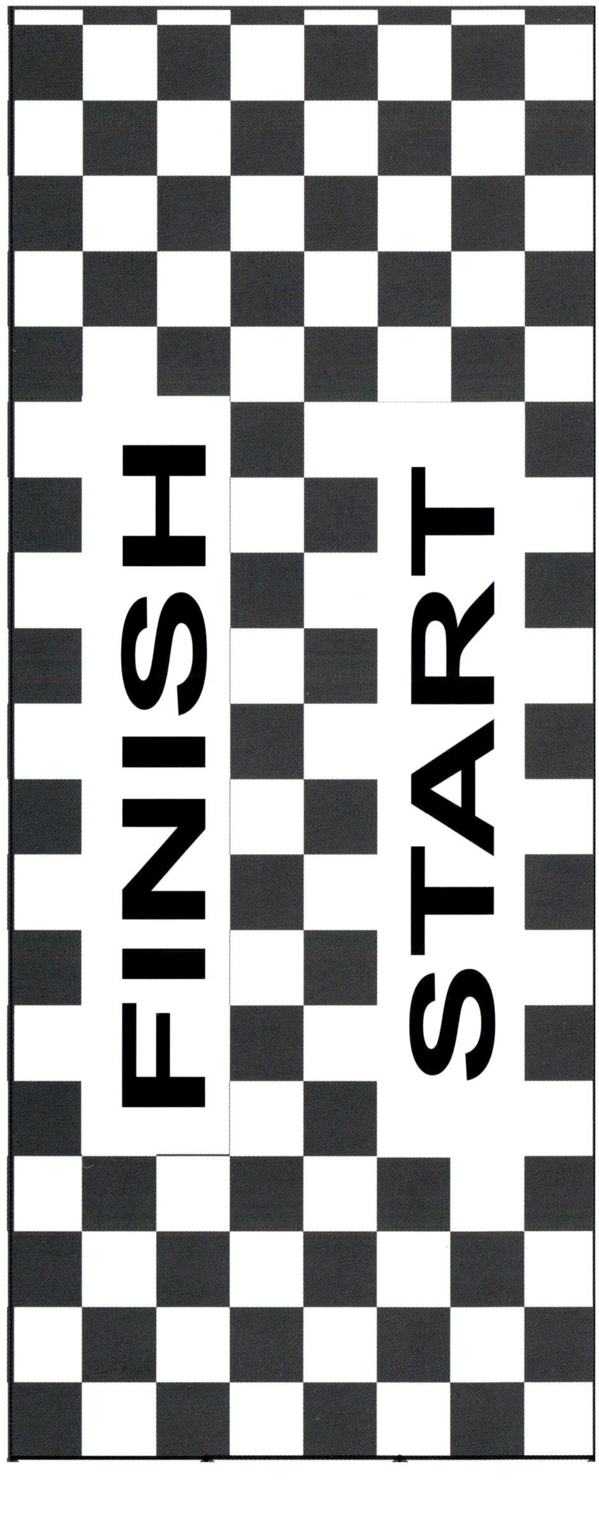

Vorlagen

Einfach märchenhaft
Seite 28

Drehscheibe

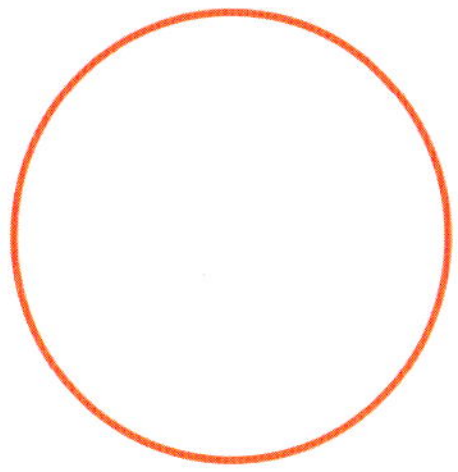

Kreis
Mühlrad

Mühlrad & Co.
Seite 54

Zahnrad

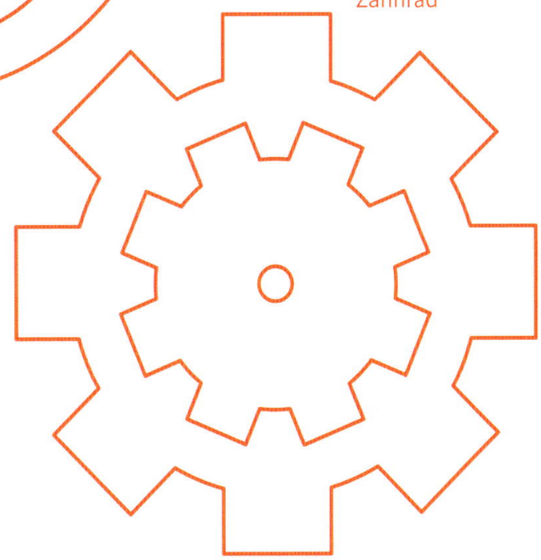

Wellen & Schanzen
Seite 56

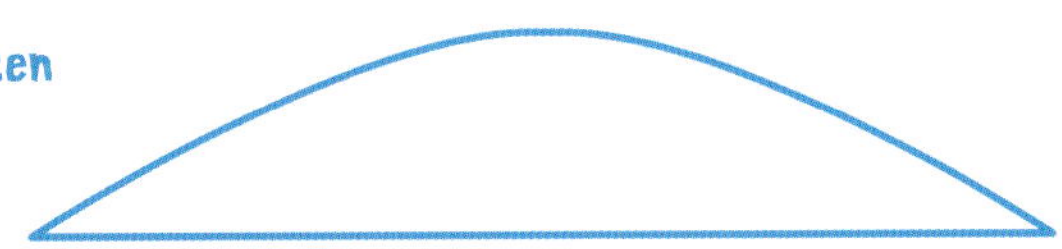

Bodenwellen

2x Front und
Rückseite

2x Seitenteil

Looping-Bahn
Seite 32

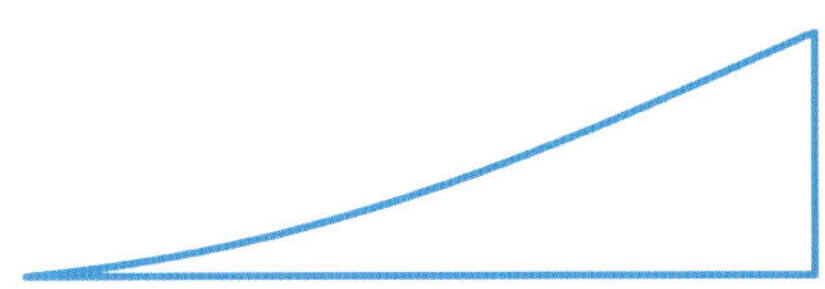

Schanze

Deckel

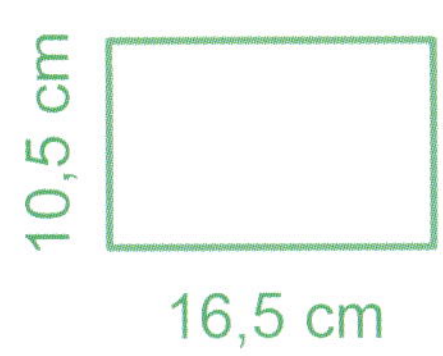

Kurvenrennbahn
Seite 47

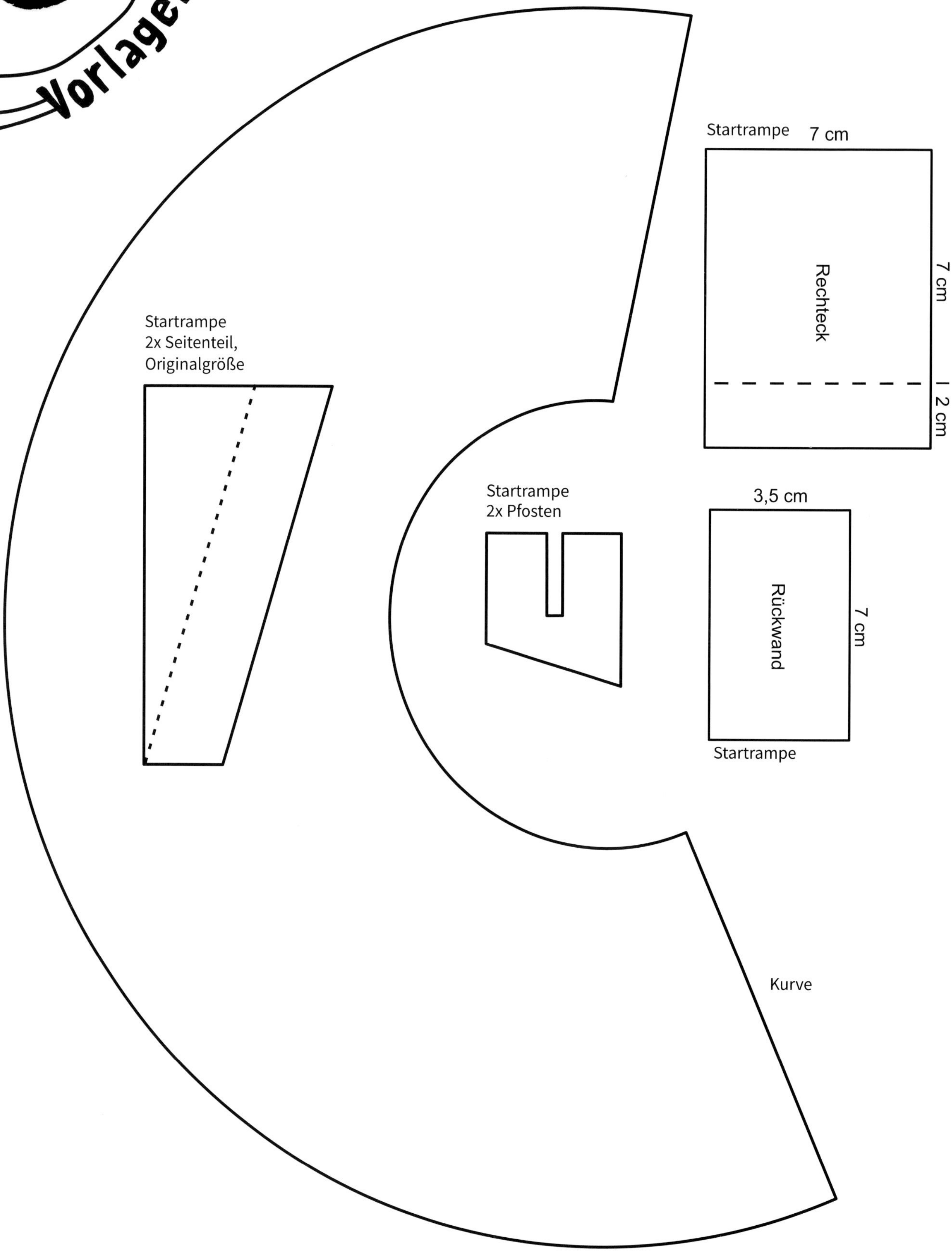

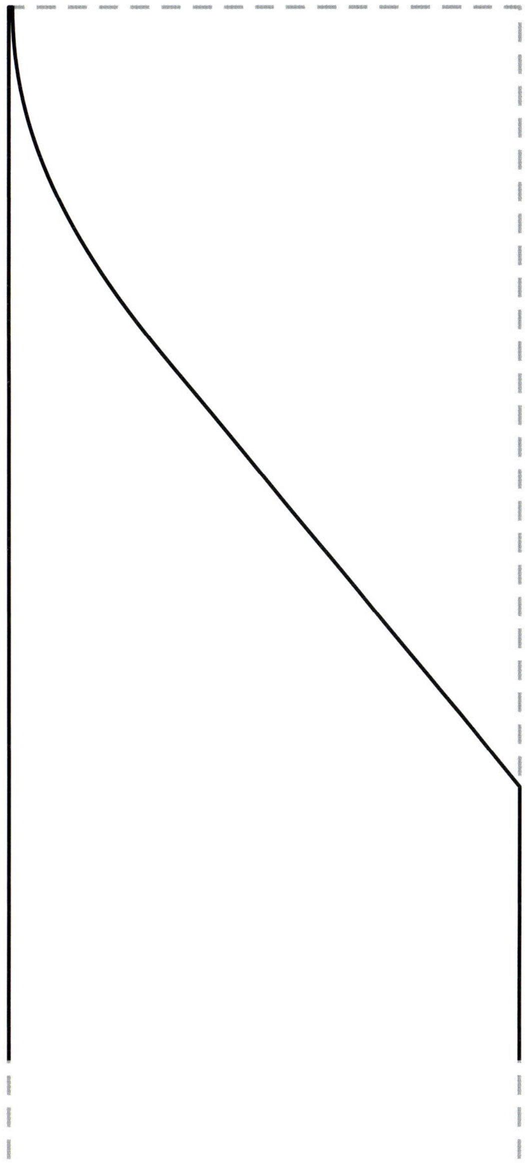

Zulauf

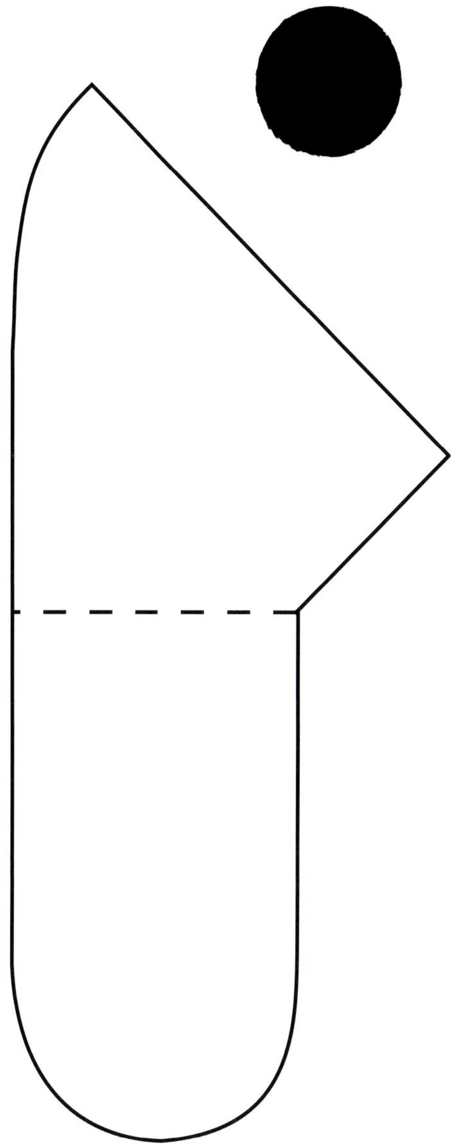

Übergang 2

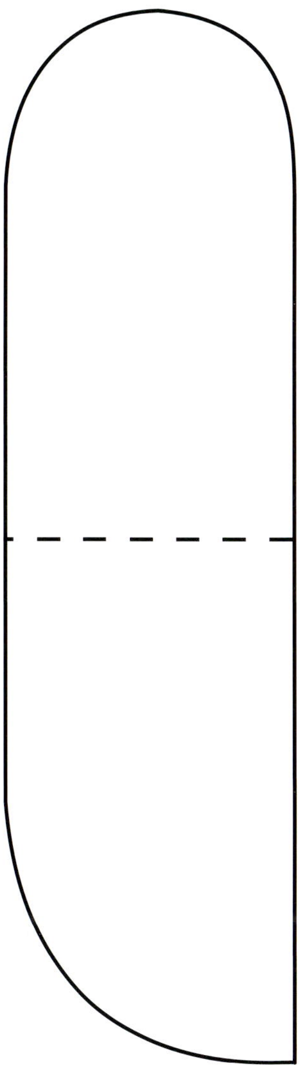

Übergang 1

Röhren
Seite 34

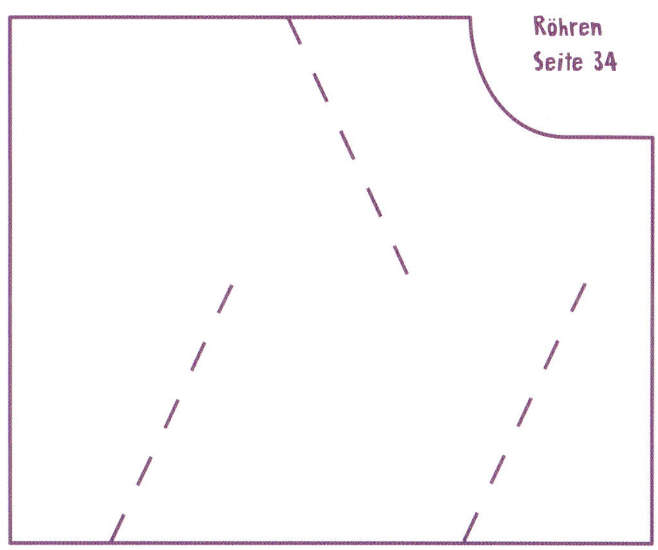

Zickzackbahn

Vorlagen

Röhren
Seite 34

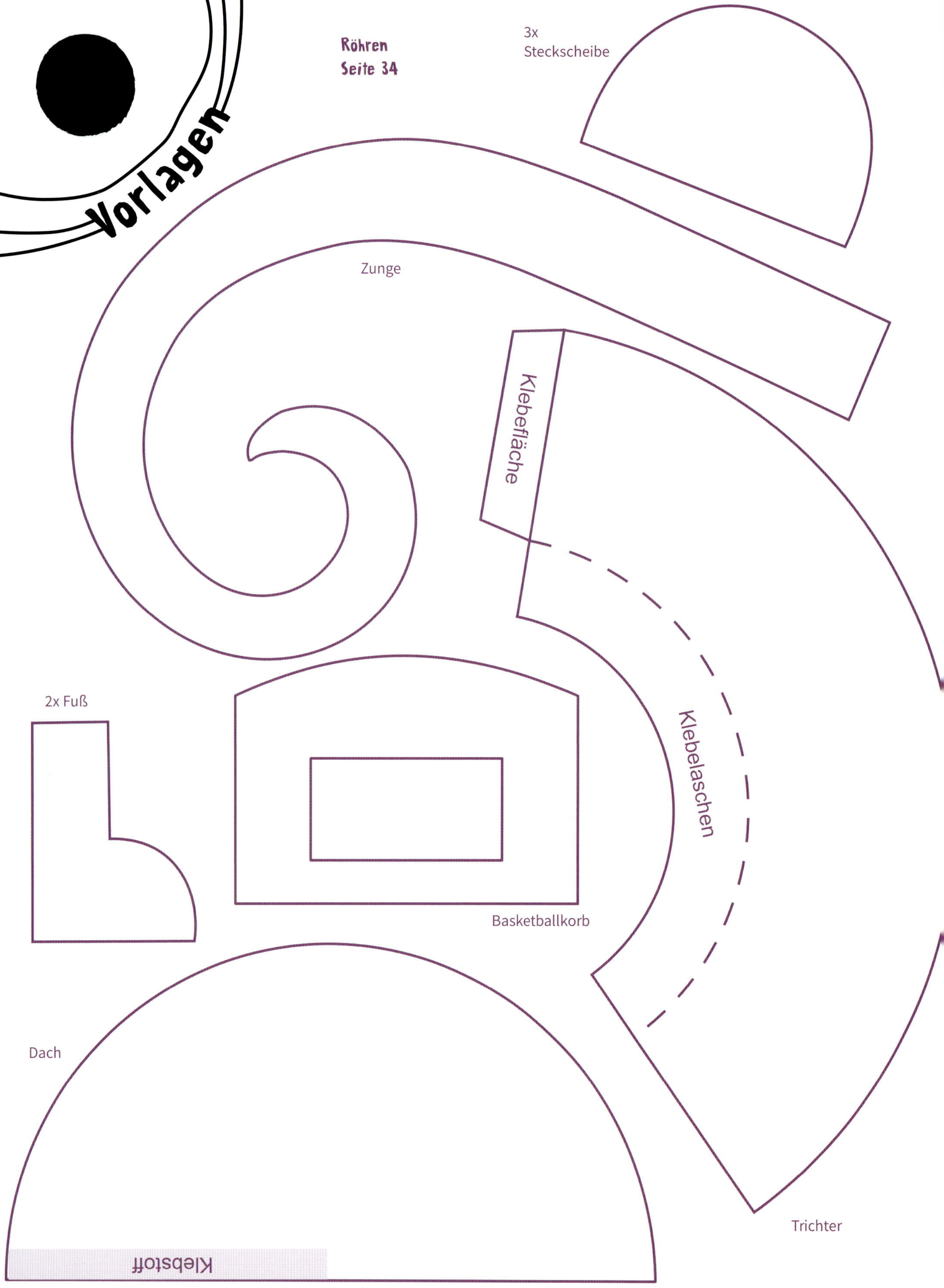

Schnelle Rennbahn
Seite 42

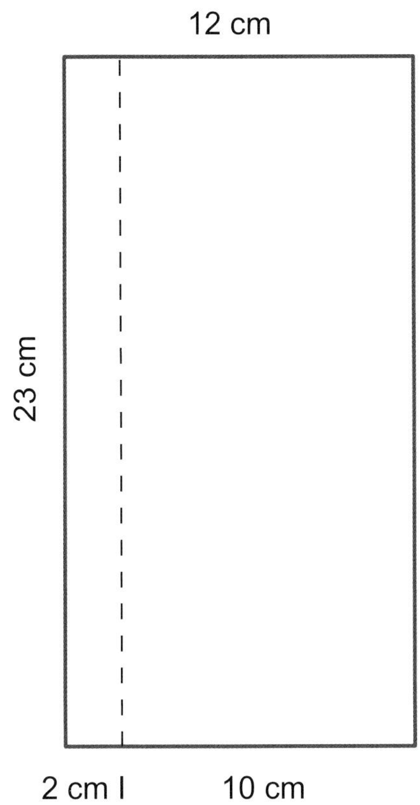

Startrampe, Rechteck

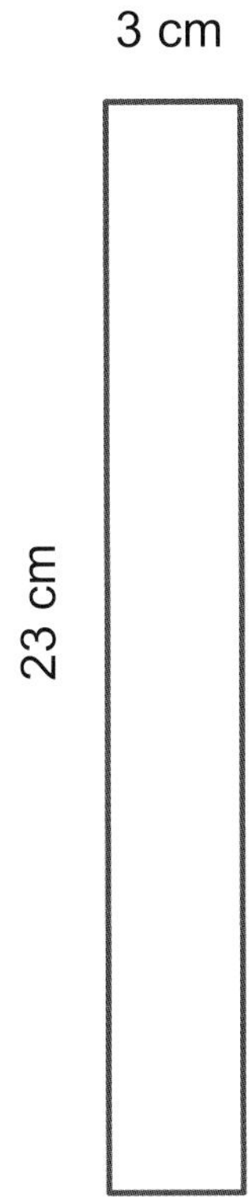

Startrampe, Streifen

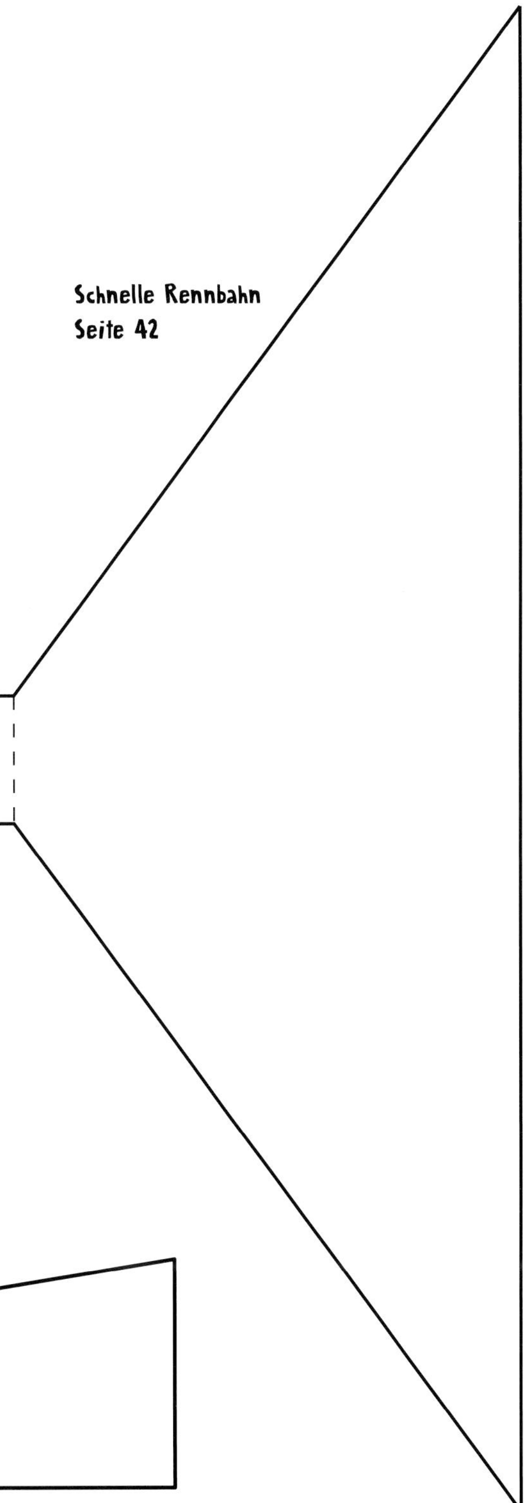

Zieleinlauf

Auf 115% vergrößern

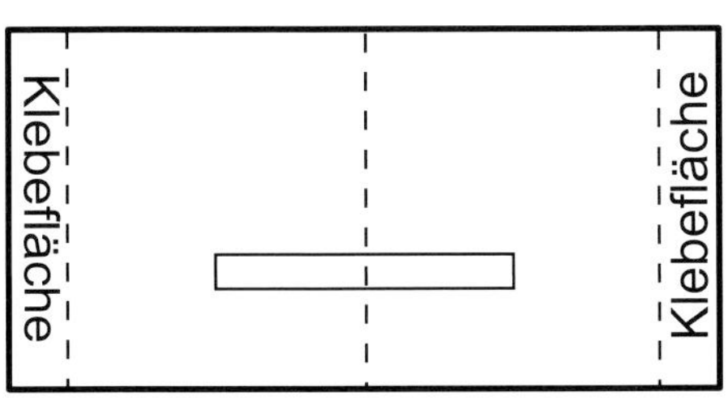

2x Schranke, Pfosten

2x Startrampe, Seitenteil

Originalgröße

Vorlagen

2x Augenfleck

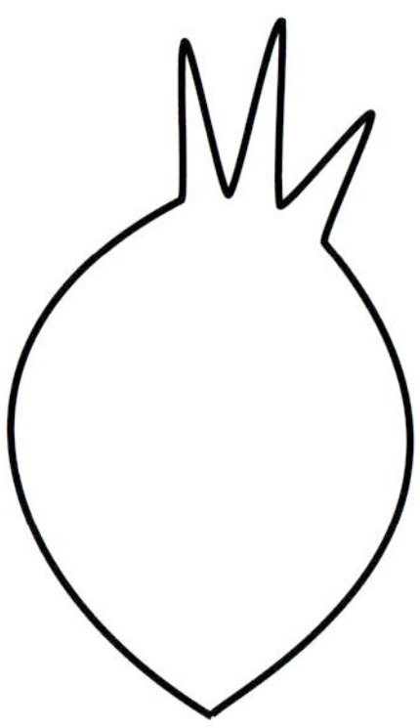

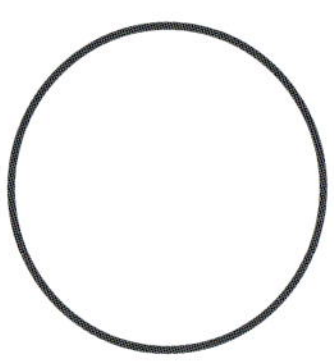

2x Nüster

Schlängelnder Drache
Seite 14

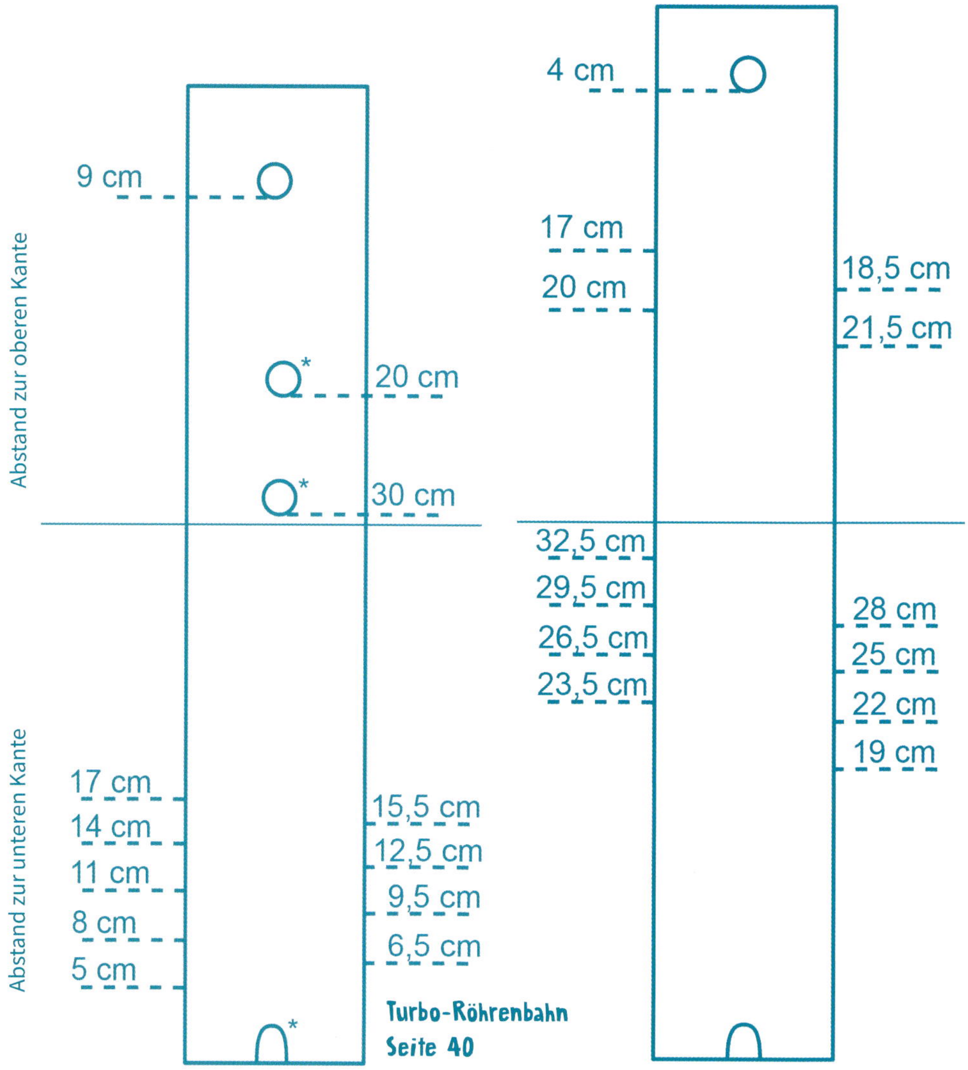

Turbo-Röhrenbahn
Seite 40

* auf Vorder- und Rückseite
◯ Durchmesser = 2,5 cm

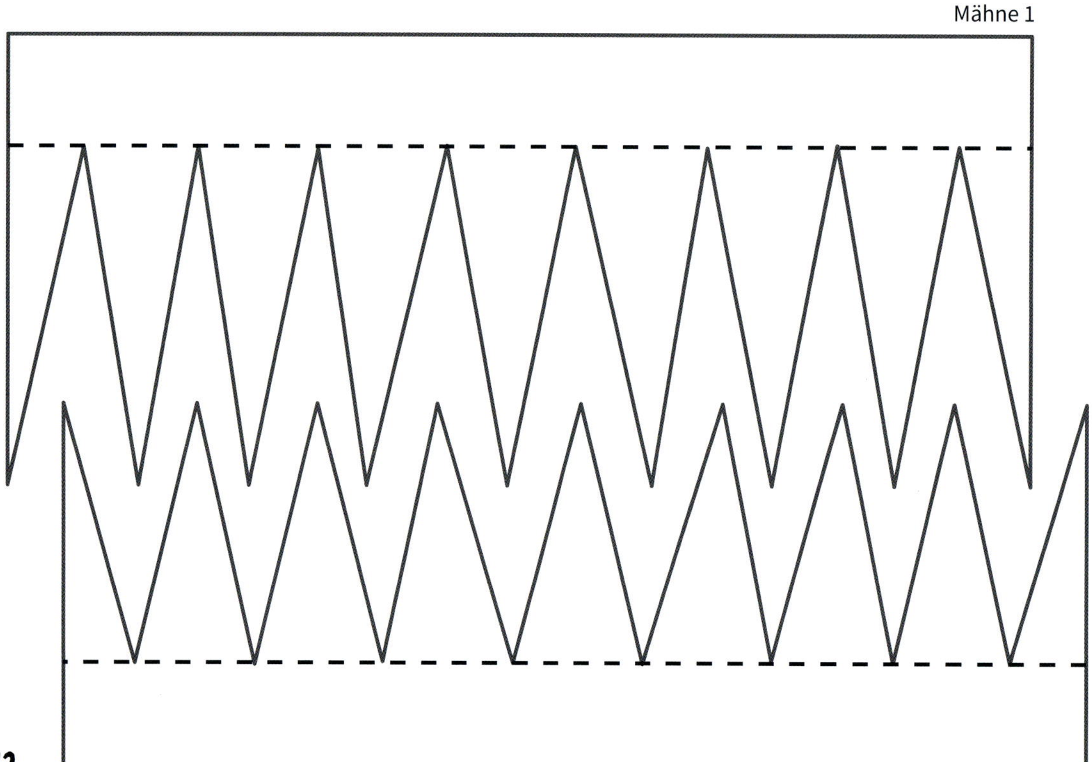

2x Zahn

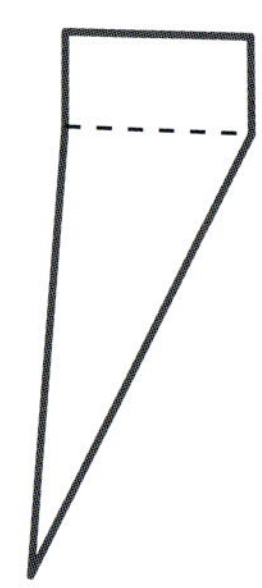

2x Mund

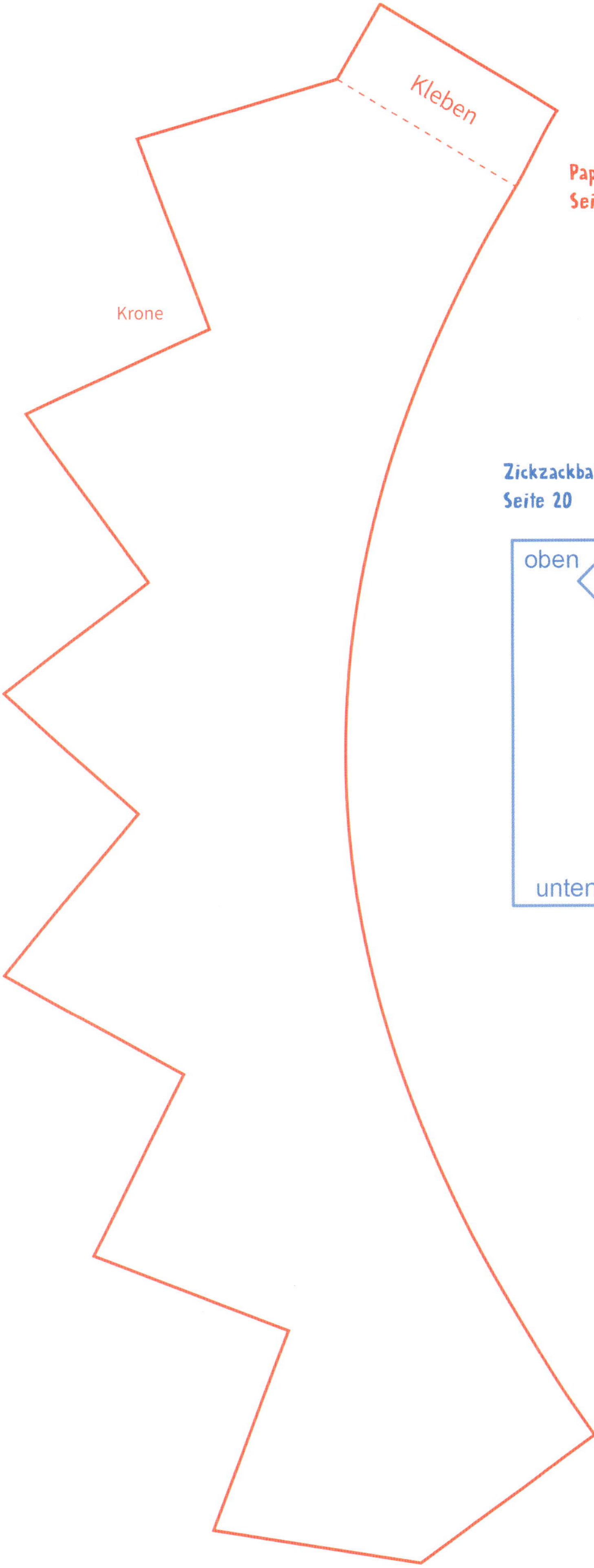

Papptellerturm
Seite 22

Spurwechsel
Seite 60

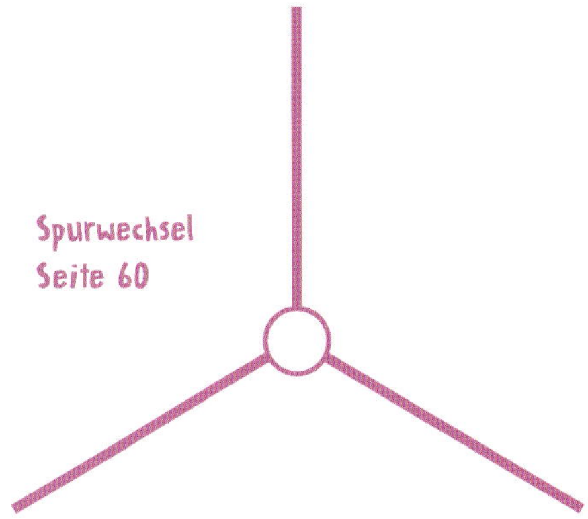

Zickzackbahn
Seite 20

oben
unten

Gib Gummi!
Seite 25

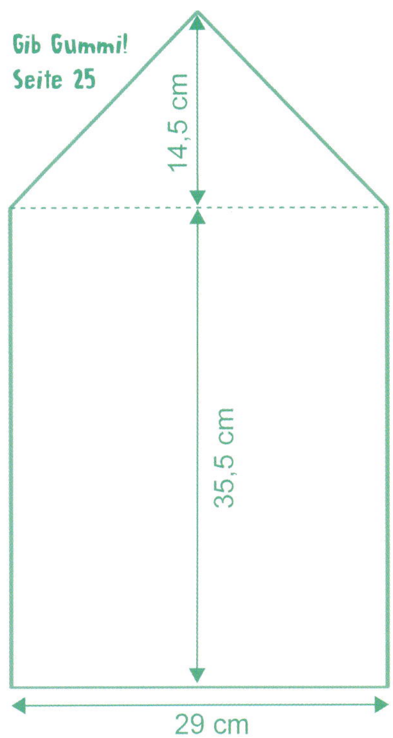

Empfehlungen für dich

ISBN 978-3-7358-9027-6

ISBN 978-3-7358-9141-9

ISBN 978-3-7724-4474-6

ISBN 978-3-7358-9095-5

ISBN 978-3-7358-9142-6

ISBN 978-3-7358-9049-8

ISBN 978-3-7358-9060-3

ISBN 978-3-7358-9028-3

ISBN 978-3-7724-8426-1

Viele weitere Kreativ-Bücher findest du auf www.TOPP-kreativ.de

#TOPPprojekt

Die eigene Kreativität zeigen: TOPPprojekt mit anderen Kreativen teilen und Teil der Gemeinschaft werden.

DIY-begeistert und auf Instagram? Dann unbedingt mitmachen! Hier gibt's Tipps und Feedback zu den eigenen Projekten. Außerdem verlosen wir jeden Monat ein Überraschungspaket. Um am Gewinnspiel teilzunehmen, einfach ein Bild vom Kreativ-Projekt aus unseren Büchern mit #TOPPprojekt posten und unserem Account @frechverlag folgen. Mehr Infos auf TOPP-kreativ.de/TOPPprojekt

Website
Auf TOPP-kreativ.de kannst du ein riesiges Angebot von über 1.000 Kreativbüchern, Sets & mehr entdecken.

Newsletter
Gleich anmelden unter: TOPP-kreativ.de/newsletter und immer als Erstes von unseren Neuheiten und Sonderaktionen erfahren.

Instagram
@frechverlag

Pinterest
pinterest.com/frechverlag

Facebook
facebook.com/frechverlag

DigiBib
Hier findest du zusätzlich zu vielen unserer Bücher digitale Extras, wie Video-Tutorials, Plotter-Dateien, Vorlagen, Übungsblätter & vieles mehr. Einfach im Impressum deines TOPP-Buchs den Freischalte-Code nachschlagen und exklusive Inhalte freischalten. TOPP-kreativ.de/digibib

Youtube
youtube.com/frechverlag

Autorin

Schon als Kind gab es für Susanne Pypke nichts Schöneres, als mit Säge, Nadel und Schere zu experimentieren. Und das ist bis heute so geblieben. Nach verschiedenen Stationen in der Medienbranche hat sie ihre Leidenschaft zum Beruf gemacht. Inzwischen sind zahlreiche DIY-Bücher mit ihren Ideen erschienen. Und auch im Fernsehen gab es von ihr schon Tipps und Tricks. Am meisten genießt sie aber das gemeinsame Basteln mit Kindern, Nachbarn und Freunden. Dann gibt es auch für sie noch viel zu staunen.

Impressum

Der Freischaltcode für die Vorlagen lautet: 59572
FOTOS: frechverlag GmbH, 70839 Gerlingen; lichtpunkt, Michael Ruder, Stuttgart
SCHRITTFOTOS: Susanne Pypke
PRODUKTMANAGEMENT: Cora Friedrich und Anouk Ruhmann
COVERGESTALTUNG: Petra Schmidt
LAYOUT UND HERSTELLUNG: Sophia Höpfner
SATZ: Werbeagentur Rypka GmbH, www.rypka.at

1. Auflage 2024

ISBN 978-3-7358-9169-3 • Best.-Nr. 29169

FSC www.fsc.org MIX Paper from responsible sources FSC® C147812

Penguin Random House Verlagsgruppe
FSC® N001967

SERVICE-HOTLINE
Hast du Fragen oder gibt es ein Problem? Wir helfen dir gern. Ruf uns an oder schreib uns eine E-Mail:

Telefon: 0711 / 123 757 20*
*normale Telefongebühren
E-Mail: hilfe@frechverlag.de

Weitere Informationen zum Verlag und zu unserem gesamten Programm findest du unter: www.topp-kreativ.de

GO!
GO!